32.99

CHATEAU DE FOIX

Vue du château, prise du plateau de Cadirac, Sud-Ouest.

CHATEAU DE FOIX

NOTICE

HISTORIQUE ET ARCHÉOLOGIQUE

accompagnée de gravures et de plans

PAR

F. PASQUIER | **R. ROGER**
Ancien Archiviste de l'Ariège | Professeur au Lycée de Foix

FOIX

IMPRIMERIE-LIBRAIRIE GADRAT AINÉ

Rue de La Bistour

1900

CHATEAU DE FOIX

NOTICE HISTORIQUE ET ARCHÉOLOGIQUE

AVANT-PROPOS

Le château de Foix doit sa réputation à son site pittoresque, aux souvenirs historiques qu'il évoque, aux caractères archéologiques de sa construction ; c'est à bon droit qu'il attire l'attention des voyageurs, des artistes et des savants, qu'il jouit d'une renommée légendaire parmi les monuments féodaux de la région pyrénéenne. Cependant il n'a jamais encore été l'objet d'une étude approfondie, il n'existe aucune monographie spéciale[1], destinée à mettre en lumière les faits mal connus dont il a été le théâtre et à en donner une description architecturale. C'est cette lacune que nous nous sommes proposé de combler en consacrant divers travaux à l'édifice qui fait l'ornement et la gloire de la ville de Foix.

En 1895, à la Sorbonne, lors du congrès des Sociétés

---

1. On ne peut guère citer que deux mémoires insuffisants : 1° *Les Tours de Foix*, par Dumège *(Mémoires de la Société archéologique du Midi de la France*, t. II, pp. 239-240, 1834-35). Cet article a été reproduit dans le *Routier du Midi* avec une gravure hors texte, assez fidèle ; — 2° Paul Bordes, *Foix, ses tours et son château*. Foix, Gadrat, in-12.

1

savantes, nous avons communiqué, avec des photographies, un mémoire sommaire contenant des notions historiques et archéologiques sur le château. Inséré dans le *Bulletin du Ministère de l'Instruction publique*[1], le travail, modifié et complété surtout pour la partie descriptive, a paru dans l'*Album des Monuments du Midi*[2]. A l'appui du texte furent ajoutés plans, coupes, élévations de l'édifice, reproductions d'anciens sceaux, de vieilles gravures. En 1896-97, dans la *Revue des Pyrénées*, nous avons publié, sur le même sujet, trois articles qui n'étaient accompagnées d'aucune illustration[3].

Actuellement, nous donnons une édition revue et augmentée de la notice parue dans la *Revue des Pyrénées*.

Nous devons à la collaboration de M. R. Roger, professeur de dessin au Lycée de Foix, connu par ses travaux archéologiques, un précieux concours dont nous lui sommes reconnaissants.

Nous adressons également nos remerciements à MM. Privat et Cartailhac, qui ont bien voulu mettre à notre disposition plusieurs clichés ayant servi à l'illustration de l'article paru dans l'*Album des Monuments du Midi*.

1. Comité d'archéologie 1896, pp. 214-221.

2. Publié par M. Cartailhac sous le patronage de la *Société archéologique du Midi de la France*, t. I, pp. 138-154.

3. 1896, pp. 68-121 ; 1897, pp. 376-389, 488-499.

PREMIÈRE PARTIE

HISTOIRE

CHAPITRE I

Description du pays.

De toutes les routes qui conduisent à Foix on aperçoit, au fond d'un cirque de montagnes, sur un roc isolé aux flancs abrupts, les trois tours du château dominant l'horizon. Du haut de la vieille forteresse[1] l'aspect du paysage est très varié : au premier plan, sous le rocher, la ville aux rues tortueuses groupe ses maisons couvertes de tuiles rouges. Au bord de l'Ariège s'étend le grand bâtiment de l'église Saint-Volusien, dont le clocher ne s'élève qu'à la hauteur de la voûte et que flanque l'ancienne abbaye transformée en préfecture.

Au Nord, l'Ariège continue son cours à travers deux collines resserrées, dont les crêtes dentelées laissent entrevoir la région de la plaine. Sur la rive gauche du petit ruisseau de l'Arget, non loin de son confluent avec l'Ariège, se dresse fièrement pour fermer le passage, le bloc calcaire et dénudé du mont Saint-Sauveur ; au sommet, on distingue les ruines d'une tour de guet qui,

---

1. L'altitude de la ville de Foix est de 394 mètres.

pendant les périodes de troubles, servait d'avant-poste au château et, en temps de paix, devenait la retraite d'un ermite [1].

A l'Est, la vue est arrêtée par la montagne du Pech qui se relève brusquement ; la base en a été taillée à pic pour permettre la construction des maisons s'échelonnant le long du quai ; sur les pentes s'étagent des jardins et des vignes. Devant les masses rocheuses de Saint-Sauveur et du Pech, le spectateur se sent écrasé ; l'œil cherche un horizon moins triste et plus vaste.

En se tournant vers l'Ouest, on découvre la fraîche vallée de la Barguillère, traversée dans toute sa longueur par l'Arget ; çà et là, on aperçoit les premiers villages disséminés au milieu des prairies et des bois. A l'entrée de la Barguillère s'élance l'élégant clocher de la chapelle de Montgauzy, où était l'ancienne maison de campagne des moines de Saint-Volusien, aujourd'hui école normale de garçons. Là s'élevait un sanctuaire dédié à la sainte Vierge, et dont la légende attribuait la fondation aux temps Carlovingiens [2].

Au Midi, s'étend une vaste plaine dont les contreforts de la grande chaîne pyrénéenne ferment l'horizon. Au fond, sur la rive droite de l'Ariège, le pic isolé de Montgailhard, jadis surmonté d'un château fort détruit sous le règne de Louis XIII [3], fait le pendant du rocher de Foix. Derrière Montgailhard se développent les pentes de la montagne de Saint-Paul, dont une échancrure permet d'entrevoir, dans le lointain, les cimes neigeuses du Saint-Barthélémy.

1. L'ermitage de Saint-Sauveur à Foix en germinal an II, *Bulletin de la Société Ariégeoise des Sciences, Lettres et Arts*, t. V, pp. 222-223.

2. *Mémorial historique* de J.-J. Delescazes, édition Pomiès, p. 82. — *Gallia Christiana*, province de Toulouse, diocèse de Pamiers. t. XIII, p. 153.

3. En 1638, *ibid.*, p. 172.

CHAPITRE II

Temps primitifs. — Evénements depuis le premier comte de Foix jusqu'à la guerre des Albigeois. — Légende rappelant la défaite des comtes de Foix par les Croisés.

Par sa position géographique, par la façon dont il se dresse au confluent de l'Ariège et de l'Arget, le rocher de Foix était tout indiqué pour servir à un établissement militaire, où l'art pouvait mettre à profit les ressources offertes par la nature.

Au château de Foix, comme à tant d'autres monuments anciens, on n'a pas manqué d'attribuer une origine fabuleuse. L'imagination populaire n'est pas responsable de l'invention ; le récit des premiers temps de l'histoire Ariégeoise est dû aux érudits de la Renaissance. Les chroniqueurs du pays se sont piqués d'amour-propre ; ils n'ont pas voulu se montrer moins savants que ceux des autres régions, ils ont tenu à ce que leur patrie ne le cédât à aucune autre sous le rapport de la noblesse et de l'ancienneté. Eux aussi ont cherché à remonter à l'antiquité classique, ils ont assigné pour aïeux aux habitants de la vallée de l'Ariège les Phocéens d'Ionie, venus à Marseille sous la conduite de leur général Pyrène, qui laissa son nom aux montagnes où il vint ensuite se fixer.

Delescazes a recueilli fidèlement cette tradition en prenant soin, ajoute-t-il, de rejeter « les opinions frivoles fondées sur des bagatelles et des fictions poétiques[1]. » Il a même entrepris des dissertations

---

1. *Mémorial Historique*, p. 19.

étymologiques, archéologiques et héraldiques. « Les
« Foixiens, dit-il, prennent leur nom et origine de ces
« premiers Phocéens, sans autre différence que de la
« seule orthographe corrompue par succession de
« temps. »

Pour lui, ces mêmes Phocéens « jetèrent les fonde-
« ments non seulement de la ville de Foix, mais aussi
« du château y joignant et contigu, par eux construit
« sur la cîme (merveille de la nature) d'un seul roc
« escarpé de toutes parts, hautement relevé, inexpu-
« gnable, et qui porte d'assez amples témoignages de son
« antiquité dans la vieillesse de ses forteresses[1]. »

Quant aux trois pals qui figurent dans les armoiries
des comtes et de la ville, ils ne seraient qu'une
déformation du trident de Neptune, arboré jadis dans
leur écusson par les Ioniens, peuple maritime de la
Grèce. Delescazes était un savant ; si telle était sa criti-
que, on peut se faire une idée de ce que devaient être en
matière d'histoire les connaissances de ses contemporains.

Dès l'époque romaine, il devait certainement exister
en cet endroit un poste fortifié ; des monnaies et plusieurs objets de la période impériale, trouvés à diverses
époques sur le plateau, en sont la preuve.

Le nom de Foix n'apparaît dans l'histoire qu'à l'occasion du martyre de saint Volusien, archevêque de Tours,
qui avait encouru la disgrâce d'Alaric pour s'être montré favorable aux Francs. Exilé à Toulouse, il fut en-
traîné, en 507, par les Wisigoths lorsque, poursuivis par
les armées de Clovis, ils s'enfuyaient vers l'Espagne ;
arrivés au-delà de Varilhes, sur le bord de l'Ariège,
ils tranchèrent la tête à leur captif. Le corps de la
victime fut transporté à Foix, où il fut déposé dans un
oratoire, qui fut l'origine d'une fondation monastique.

---

1. Voir pour les origines de Foix les chapitres 1 et 4 du *Mémorial*.

L'histoire du château ne commence qu'avec celle des comtes. Le premier seigneur qui ait porté le titre de comte de Foix est Bernard-Roger [1], fils de Roger-le-Vieux, comte de Carcassonne. Ce dernier, en 1002 [2], fait un testament par lequel il partage ses domaines entre ses trois fils ; à Bernard, il laisse la terre et le château de Foix. C'est le premier document où l'on trouve la preuve authentique de l'existence du monument. Pendant les onzième et douzième siècles, aucun fait ne le signale spécialement à l'attention des chroniqueurs. Durant cette période, les comtes tiennent à faire preuve de leur piété, qui se manifeste par des dons aux églises. Ils constituent, au profit de l'abbaye de Saint-Volusien, un vaste domaine autour de la ville et dans la vallée supérieure de l'Ariège. Le 18 janvier 1111 [3] le comte Roger II fait transférer en grande pompe, dans une nouvelle église, les reliques du saint patron de la cité, qui reposaient dans une dépendance du château [4].

A la fin du douzième siècle, la ferveur des comtes se ralentit ; comme les autres grands seigneurs du Midi, ils adhèrent à l'hérésie albigeoise et encourent les foudres de la cour de Rome. La croisade est prêchée contre les partisans des nouvelles doctrines. Avec les comtes de Toulouse, leurs suzerains et leurs alliés, les comtes de Foix sont les plus énergiques et les plus vaillants soutiens de la cause méridionale. Quand, après la défaite de Muret en 1213, le Languedoc et l'Aquitaine se soumettent aux gens du Nord, quand Raymond VI de Toulouse

---

1. Bernard-Roger, premier comte de Foix, mourut en 1012 ; il eut pour successeur Roger I, qui mourut en 1038.

2. *Hist. de Languedoc*, t. III, pp. 228-229.

N. B. Toutes les citations de l'*Histoire de Languedoc* sont faites d'après l'édition Privat.

3. Lacoudre, *Vie de saint Volusien*, éd. Pomiès, pp. 48, 49, 50, 60, 61. Roger II régna de 1070 à 1125.

4. *Chroniques romanes des comtes de Foix*, Gadrat, Foix, 1895, p. 17. Voir dans la seconde partie de cette notice, la description de la chapelle.

renonce à la lutte, les comtes de Foix prolongent la résistance ; la légende, évoquant leur souvenir, les représente comme les derniers défenseurs de la patrie

Fig. 1. Chapiteau du musée de Foix : Attaque de Toulouse par Clovis, après la défaite des Wisigoths [1].

romane. Victor Balaguer, le grand poète de la Catalogne, a composé une trilogie pour rappeler ces glorieux événements ; une des parties du drame se passe au château

1. Voir aux pièces justificatives n° 1 la notice sur le martyre de saint Volusien.

de Foix¹ où le comte donne le signal d'une prise d'armes contre les croisés.

Dans une de ses plus belles compositions lyriques, le

Fig. 2. Chapiteau du musée de Foix : Démolition des remparts de Toulouse par Clovis. Deux soldats wisigoths entraînent saint Volusien enchaîné.

poète, inspiré par la vue du château de Foix qu'il visita au mois d'août 1890, communique ses impressions.

1. Victor Balaguer, *Tragedias, Lo compte de Foix*, Madrid, Tello, 1882. Le poète donne du château une brillante description qui ne répond pas à la réalité ; il dépeint un monument que la riche imagination d'un poète pouvait seule créer.

Se faisant l'écho des vieilles traditions, auxquelles il donne corps en les fixant dans ses vers harmonieux, il montre quel retentissement produisit dans les régions méridionales, des Pyrénées au Rhône, la défaite des comtes de Foix.

Les tours du château, que n'habitent plus les vivants, sont en certaines circonstances hantées, la nuit, par les ombres des morts. C'est là que se réunissent chevaliers, troubadours, dames, et tous ceux qui, pendant la résistance suprême aux envahisseurs du Nord, se distinguèrent à un titre quelconque.

Fig. 5. Sceau du monastère de Foix ; Martyre de saint Volusien.

Par la pensée, le poète se transporte à l'un des nocturnes rendez-vous où il est témoin de faits extraordinaires. « Au bord de l'Ariège, dit-il, ruisseau roulant l'or dans « ses ondes, se dressent les murailles d'un château qui, « un jour, lutta contre les rois et les papes ; autrefois « séjour aimable d'honneur et de courtoisie, aujour- « d'hui, ce n'est plus qu'un souvenir. Démantelées, ses « tours gisent sur les pentes d'épouvantables abîmes, « qui jadis servaient de fossés et de remparts au château. « C'est le lieu où se rassemblent en foule pressée, les « spectres des morts non vengés. »

C'est là que le dernier des troubadours de la montagne exhale, en paroles emportées par le vent, sa dernière ode. Elle est touchante la plainte du troubadour qui voue à l'exécration Montfort et sa troupe, famélique comme une bande de loups ; le chanteur rappelle la prise de Montségur et le bûcher où périrent ses héroïques défenseurs.

Un cri de mort se fit entendre alors, la montagne en tressaillit et en tressaille encore. *Cal mori*, il faut mourir ; tel est le cri qu'en cette terrible circonstance jeta le comte de Foix du haut de son château de pierre où on l'a enseveli vivant. « Ce cri, il l'adresse au monde, au « ciel, aux générations présentes et futures. Provence « et Pyrénées l'ont entendu, quand elles apprirent la « perte de cette fille si belle ; Provence et Pyrénées « portent le deuil du monde latin. Le jour où tom- « bèrent ceux de Foix, tomba aussi la Provence. »

Commencé sur un accent de haine, le chant peu à peu s'adoucit, finit par un appel à des jours meilleurs et annonce la renaissance de la patrie méridionale. Au moment où le troubadour se tut, les ombres disparurent et le soleil répandit ses premières lueurs sur les sommets des montagnes.

C'est sous cette forme éclatante que Balaguer a présenté la légende qui rappelle le rôle joué par Foix, ses comtes et son château pendant la guerre des Albigeois[1].

---

1. Victor Balaguer, *lo Romiatge de l'anima*, Barcelone, 1891, br. in-8°.
Lo Sirventes de l'aplech dels morts, pp. 23-24. Nous n'avons donné qu'un résumé de ce chant, Voir n° 1, *pièces justificatives*, les strophes où il est question du château de Foix.

CHAPITRE III

Guerre des Albigeois. — Simon de Montfort dans le pays de Foix. — Occupations successives du château.

C'est en 1210 que Simon de Montfort pénètre pour la première fois dans le pays de Foix[1] ; il se rend d'abord à Pamiers pour assister à une conférence où se réunissent Pierre II, roi d'Aragon, Raymond VI, comte de Toulouse, et le comte de Foix, en vue de faire cesser les hostilités. Les négociations se rompent, Montfort s'avance vers la ville de Foix ; après en avoir ravagé les environs, il en commence l'attaque si vivement que la garnison, qui avait fait une sortie, est même obligée de se replier en hâte vers la ville.

En cette occasion il est le héros d'un haut fait d'armes, à en croire son historien et panégyriste, le moine Pierre de Vaux-Cernay[2]. Pendant la bataille, Simon, suivi d'un seul chevalier, se jette sur les ennemis qui se pressent aux abords des portes ; il les poursuit et est sur le point de pénétrer avec eux dans l'enceinte du château, lorsque le pont est fermé. Contraint de rétrograder par un chemin étroit et bordé de murailles, Simon

---

1. *Hist. de Languedoc*, t. VI, p. 326.

2. Comes autem Montisfortis dirigens aciem versus Fuxum, ibi ostendit mirabilem probitatem. Veniens siquidem prope castrum, omnes adversarios, qui pro foribus stabant, cum unico milite impetiit et, quod mirum est, omnes intromisit. Qui etiam post ipsos intrasset, nisi pontem castri ante faciem ejus clausissent ; sed, cum rediret de castro comes, militem qui cum secutus fuerat, illi de castro qui undique super muros erant, lapidibus obruerunt. Angusta siquidem erat via et muris undique circumclusa. Destructisque terris, vineis et arboribus prope Fuxum, comes noster rediit Carcassonam. — *Collection des Historiens de France* : Pierre de Vaux-Cernay, *Histoire des Albigeois*, t. XX, p. 30, E.

voit son compagnon accablé sous les pierres que lancent les défenseurs de la place. Les habitants courent aux remparts et couvrent les assaillants d'une telle quantité de projectiles qu'ils les forcent à se retirer en désordre. Après cette déroute, Montfort se retira vers Carcassonne[1].

En 1211, les comtes de Foix et de Toulouse sont réunis à Narbonne, où le légat du Saint-Siège essaie de les réconcilier avec l'Eglise romaine. A l'entrevue se trouve encore le roi d'Aragon, qui intervient en faveur de Raymond-Roger[2] ; Simon de Montfort consent à lui accorder la paix, mais à la condition de livrer Pamiers. En outre, le château de Foix doit être confié au roi d'Aragon, avec autorisation de le remettre aux agents de l'Eglise romaine, si Raymond-Roger n'observe pas la parole donnée[3]. Ne tenant aucun compte de cet engagement, ce prince, en 1212, recommence les hostilités qui ramènent l'armée de la croisade dans le pays où elle procède à un dégât général. La ville de Foix est prise, mais le château n'est pas même attaqué[4]. L'historien anonyme de la guerre des Albigeois constate qu'en 1212 la forteresse est imprenable par suite de sa position et grâce à la bravoure de ses défenseurs : « Los que eran dedins mostravan ben so que sabian far ; quand lodit conte de Montfort vist que autra causa no podia far, va s'en tornar dessa en Pamias...[5] ; » d'où il renonce à déloger les comtes de Foix et de Toulouse qui s'y étaient réfugiés[6].

En 1213, Raymond-Roger prend part à la bataille de Muret où périt le roi d'Aragon[7] ; après la défaite de ses

1. *Hist. de Languedoc*, t. VI, p. 326.
2. Raymond-Roger, comte de Foix, 1188-1223.
3. *Hist. de Languedoc*, t. VI, pp. 344-345.
4. *Ibid.*, p. 367.
5. *Ibid.*, t VIII, pp. 90-91, *Chronique romane de la guerre des Albigeois.*
6. *Ibid.*, t. VI, p. 393.
7. *Ibid.*, t. VI, p. 428.

alliés, le comte de Foix se hâte de rentrer dans ses
états, Simon de Montfort le fait poursuivre jusqu'à
Foix, dont les faubourgs sont encore brûlés[1].

En 1214, nouvelle conférence du comte de Foix à Narbonne[2] avec le légat Pierre de Bénévent ; cette fois le
représentant du pape ne veut plus être dupe, et, en
conséquence, exige la remise effective du château[3] de
Foix, avec l'obligation par le comte de supporter les frais
de garde. Quelque temps après, la place, occupée au
nom de l'Église romaine, est confiée à l'abbé de Saint-
Tibéry. Ce dernier, en s'éloignant du pays, la livre à
Simon de Montfort pour la conserver jusqu'à la tenue
du concile général[4].

Cette assemblée s'ouvre à Rome dans l'église de Latran
au commencement de novembre 1215. La principale
question à régler était la pacification du Midi de la
France, dont les principaux seigneurs, vaincus par
Simon de Montfort, faisaient appel au Siège Apostolique.
Quelques-uns viennent eux-mêmes plaider leur cause
et faire valoir leurs droits auprès du pape Innocent III.
Parmi eux se trouvent les comtes de Toulouse, de Comminges et de Foix. Ce dernier expose ses griefs, déclare
qu'il n'a pas failli à ses promesses, que néanmoins Simon
de Montfort n'a pas hésité à prendre subrepticement
possession d'une place dont les armes ne lui ont pas
ouvert les portes[5]. Raymond-Roger fait alors allusion
aux échecs successifs éprouvés par les Croisés devant le
château de Foix, si fort qu'il se défend par lui-même.
L'auteur de la *Chanson de la croisade contre les Albigeois*
prête ce langage au comte réclamant son château, dont
il donne la description[6].

1. *Hist. de Languedoc*, t. VI, p. 432.
2. *Ibid.*, p. 441.
8. *Ibid.*, p. 442.
4. *Ibid.*, p. 476.
5. *Ibid.*, p. 476.
6. Edition de la *Société de l'Histoire de France* par M. Paul Meyer, t. I, p.
244 ; V, 3235-3242.

Rendel castel de Foich ab lo ric bastiment.
El castels es tant fortz qu'el mezeis se defent ;
Ez avia i pa e vi, pro e carn e froment,
Ez aiga clara e dousa jous la rocha pendent,
E ma gentil companha e mot clar garniment ;
E nol temia perdre per nulh afortiment [1].

C'est justice qu'il demande ; en conséquence, on doit lui rendre ses domaines. A cette réclamation, ses ennemis font maintes objections qui empêchent le pape de se prononcer. Pour connaître la vérité, il charge deux commissaires de faire une enquête ; en attendant une solution, l'abbé de Saint-Tibéry reçoit ordre de reprendre possession du château, alors occupé par Simon de Montfort, à qui défense est faite de faire la guerre au comte [2]. Dom Vaissète reconnaît que, si la conduite de Raymond-Roger fut loyale, tout autre fut celle de son adversaire. Ce dernier exerça contre lui divers actes d'hostilité, « pour l'obliger à se défendre, pour le rendre odieux au pape et mettre ainsi obstacle à son entière réconciliation avec l'Eglise [3]. »

Simon voulait isoler le comte Raymond de Toulouse ; dans ce but, il importait de réduire à l'impuissance son plus fidèle allié, le comte de Foix, dont les états s'étendaient jusqu'aux portes de Carcassonne et de Toulouse et qui pouvait ouvrir aux Aragonais les ports des Pyrénées centrales. Au lieu d'opposer la force à la force, Raymond-Roger s'adresse [4] au pape qui prescrit un supplément d'enquête. Simon de Montfort élude les assignations ; s'il n'obtient pas l'autorisation de se faire remettre le château de Foix, au moins empêche-t-il le

1. « J'ai rendu le château de Foix et ses puissants remparts. Le château est si fort qu'il se défend par lui-même ; j'y avais pain et vin, abondance de viande et de froment, eau claire et douce sous la roche, et mes braves compagnons, et force luisantes armures, et je ne craignais pas de le perdre par force. » *Chanson de la croisade contre les Albigeois*, t. II, p. 174.

2. *Hist. de Languedoc*, t. VI, p. 476.

3. *Ibid.*, p. 493.

4. *Ibid.*, p. 494.

comte d'y rentrer. Le 27 novembre 1216[1], le pape Hono-
rius III, malgré les sollicitations dont il est l'objet,
ordonne à l'abbé de Saint-Tibéry de faire restituer le
château à son légitime propriétaire. C'était pour le comte
la récompense de sa soumission aux ordres du légat
Pierre de Bénévent[2]. En cas de désobéissance de la part
de Raymond-Roger, le château devait être confisqué au
profit de l'Eglise romaine. D'autres conditions étaient
encore exigées avant la remise de la place, notamment
le payement d'une somme de quinze mille sous melgo-
riens[3] pour frais de garde.

Les bonnes dispositions de la cour de Rome mettent
obstacle aux projets de Simon de Montfort, qui cherche
querelle à Raymond-Roger sous prétexte de la violation
de la trêve[4]. Au commencement de 1217, il vient
mettre le siège devant le château de Montgrenier[5] situé
à quelque distance de Foix, où s'était retiré Roger-
Bernard, fils du comte. C'est en vain que le père fait
appel aux commissaires pontificaux, en vain que
ceux-ci se rendent au camp du chef des Croisés pour
lui faire des représentations[6]. Simon de Montfort, qui
n'a cure de leurs observations, fait occuper la ville de
Foix ; le château continue de rester en la possession de
l'abbé de Saint-Tibéry qui, chaque semaine, réclame
quarante livres en monnaie de Toulouse pour en assurer
la garde. La veille de Pâques, Montgrenier est obligé de
capituler ; ce résultat consolide la situation des envahisseurs dans la vallée de l'Ariège[7]. C'est seulement en

---

1. *Hist. de Languedoc*, t. VI, p. 499.

2. *Ibid.*, t. VI, p. 500.

3. *Ibid.*, p. 500.

4. *Ibid.*, p. 500.

5. Montgrenier n'est autre que le château de Montgailhard, situé à une lieue
et demie de Foix, en amont, sur la rive droite de l'Ariège. (*Mémorial historique*,
de J.-J. Delescazes, pp. 28 et 172.)

6. *Hist. de Languedoc*, t. VI, p. 501.

7. *Ibid.*, pp. 500, 502.

'évrier 1218[1] que Raymond-Roger peut rentrer dans le château de Foix, dont la cour de Rome avait fait le gage et la rançon de sa fidélité. Pierre de Vaux-Cernay blâme l'attitude de l'abbé de Saint-Tibéry : « C'est grâce à sa négligence, dit-il, que ce château a été perdu, que cet autre Caïn, cet autre Judas, le comte de Foix, s'y est fortifié et en a expulsé la sainte Eglise[2]. »

Ce prince mourut en mars 1223, après avoir survécu à son allié Raymond VI de Toulouse et à son implacable ennemi, Simon de Montfort, tué au siège de Toulouse en 1218[3]. Le comte de Foix, suivant l'expression de Dom Vaissete[4] « combattit bien moins pour la défense de l'erreur que pour s'empêcher d'être dépossédé de ses biens. » Pendant sa dernière campagne, Simon de Montfort avait prouvé, par sa résistance aux instructions des légats du pape, que l'intérêt du ciel n'était pas le seul mobile de ses actions.

En 1229, les Méridionaux sont vaincus ; Raymond VII de Toulouse signe la paix avec la cour de France. Après une vaine tentative de lutte, Roger-Bernard II, le nouveau comte de Foix, imite cet exemple, et, le 16 juin, à Saint-Jean-de-Verges[5], village situé à une lieue en aval de Foix, fait une soumission sans réserve aux représentants du pape et du roi. La remise du château de Foix est encore exigée comme garantie de l'exécution du traité. Le délai d'occupation fut fixé à cinq ans ; au bout de cette période, la forteresse fut rendue définitivement à son maître[6].

Pour faire ressortir l'intérêt de ces divers événements,

---

1. *Hist. de Languedoc*, t. VI, p. 510 et t. VIII, c. 699.
2. (*Collection des Historiens de France*, t. XIX, p. III, E.) Pierre de Vaux-Cernay, *Histoire des Albigeois*.
3. *Hist. de Lang.*, t. VI, pp. 516, 517.
4. *Ibid.*, p. 563.
5. *Ibid.*, p. 650.
6. *Ibid.*, p. 650.

nous avons tenu à les dégager des autres circonstances de la guerre des Albigeois, au milieu desquelles ils sont confondus.

Le 24 février 1265, s'éteignit à l'abbaye de Boulbonne le comte Roger IV, ayant pour héritier son fils Roger-Bernard III, encore mineur. Roger IV laissa plusieurs filles, dont l'une, la quatrième, s'appelait Esclarmonde ; par une clause de son testament, il ordonna qu'elle fût élevée dans le château de Foix jusqu'à l'âge de quinze ans. Elle épousa dans la suite l'infant d'Aragon Jacques, qui devint roi de Majorque[1].

Arrivons au fait le plus célèbre que rappelle notre monument, au siège de mai–juin 1272.

---

1. *Hist. de Languedoc*, t. VII, p. 888.

CHAPITRE IV

Révolte du comte de Foix ;
Prise du château par le roi de France Philippe le Hardi,
juin 1272.

Après la mort du comte Alphonse de Poitiers et de sa femme Jeanne de Toulouse, le Languedoc est réuni à la couronne de France. C'est le moment que choisit le comte de Foix, Roger-Bernard III, pour braver l'autorité de son suzerain en essayant de faire acte de rébellion.

En 1272, Géraud de Casaubon, seigneur de Sompuy[1], est en contestation avec Géraud, comte d'Armagnac ; il lui refuse l'hommage, déclarant ne le devoir qu'au roi de France. Le comte de Foix prend fait et cause pour son beau-frère[2] et, unissant ses forces aux siennes, s'arroge le château en litige[3]. Les deux princes sont cités à la cour du roi pour rendre compte de leur conduite ; Géraud d'Armagnac se soumet et obtient son pardon. Telle n'est pas l'attitude de Roger-Bernard ; se croyant hors d'atteinte dans ses montagnes, il pousse même l'audace jusqu'à s'attaquer au sénéchal de Toulouse, Eustache de Beaumarchais. Immédiatement, cet officier envahit les terres du vassal insoumis et les fait occuper jusqu'au Pas-de-la-Barre, à une demi-lieue en aval de Foix[4]. C'était la partie qui avait toujours relevé du comté de Toulouse,

---

1. Sompuy, château situé en Gascogne, au diocèse d'Auch, aujourd'hui Saint-Puy, canton de Valence (Gers).

2. Deux des filles de Gaston de Moncade, vicomte de Béarn, s'étaient mariées : l'une, Marguerite, au comte de Foix ; l'autre, Mathe, au comte d'Armagnac.

3. *Hist. de Languedoc*, t. IX, p. 13.

4. *Ibid.*, pp. 19, 20.

tandis que le roi d'Aragon prétendait exercer des droits de suzeraineté dans la vallée supérieure de l'Ariège.

Malgré cet acte de vigueur, qui ne devait lui donner aucun doute sur les intentions de ses adversaires, Roger-Bernard refuse de se soumettre. Il était imbu de l'opinion que, dans le pays, on se faisait du château de Foix ; il le regardait comme imprenable :

« El castels es tant fortz qu'el mezeis se defent. »

disait le poète[1].

Un chroniqueur contemporain, Guillaume de Nangis, se rend l'écho de cette prétention : « Le comte de Fois, dit-il, sa femme et toute sa mesnie, avec grant foison d'Aubigois estoient tant asseur, si comme leur estoit avis, et cuidoient que le chastel ne deust estre pris en nule manière et que bien se tenist contre tous[2]... » La forteresse n'avait-elle pas déjà fait ses preuves. Plusieurs fois elle avait résisté aux attaques de Simon de Monfort, qui ne put y pénétrer de force, bien qu'il fût maître de la ville[3].

Tout présomptueux qu'il soit, le comte juge prudent d'augmenter ses moyens de défense ; la garnison est renforcée ; on pourvoit à la clôture des portes, on garnit les tours de machines de guerre et on se dispose à repousser l'ennemi[4].

Philippe le Hardi se résolut de faire un exemple en vue d'affermir le pouvoir royal dans les provinces nouvellement réunies à la Couronne. Jugeant que sa présence était nécessaire pour soumettre un rebelle, qui comptait sur la protection du vicomte de Béarn et de Jacques Ier, roi d'Aragon, il vint lui-même prendre la direction de

---

1. Voir plus haut, p. 74, le 3236ᵉ vers de *la chanson de la croisade contre les Albigeois.*

2. *Collection des Historiens de France*, t. XX ; Guillaume de Nangis, p. 493.

3. En 1210, 1211, 1212, 1213. Voir plus haut, ch. III.

4. *Collection des Historiens de France*, t. XX, Guillaume de Nangis, p. 493.

l'expédition. L'armée française était nombreuse, plus forte même qu'il ne semblait nécessaire pour réduire un vassal tel que le comte de Foix. Le roi de France voulut, en faisant montre d'une grande puissance militaire, en imposer aux alliés de Roger-Bernard.

C'était au moyen du ban et de l'arrière-ban qu'on était parvenu à composer l'armée. On trouve, dans les états dressés par la Chambre des Comptes, l'énumération des vassaux et des arrière-vassaux qui reçurent l'ordre d'appel. Plusieurs contingents étaient principalement recrutés dans la Normandie, le Vermandois, l'Orléanais, provinces directement soumises à la Couronne. Parmi les grands vassaux, convoqués à cette occasion, on remarque le duc de Bourgogne, les comtes de Bretagne, de Flandre, de Boulogne, de Dreux, de Blois, de Ponthieu, suivis des chevaliers que chacun, suivant l'importance de son fief, était tenu de fournir. Il est impossible d'évaluer même approximativement le nombre d'hommes présents devant le château de Foix. En effet, les états de la Chambre des Comptes font connaître quels étaient les vassaux convoqués et non ceux qui répondirent à l'ordre de mise en marche[1].

La réunion est fixée à Toulouse. La campagne s'ouvre à la fin de mai 1272 ; les troupes commencent par dévaster le pays. Arrivée à Foix le vendredi 3 juin, l'armée dresse ses tentes autour du château dont les abords escarpés lui interdisent l'approche directe. Dom Vaissete[2] suppose, sans en fournir une preuve bien convaincante, que Philippe le Hardi ne s'avança pas jusqu'à Foix et s'arrêta dans Pamiers ; il s'y serait trouvé encore le 4 juin, jour où il approuva un acte concernant l'église d'Albi. Il n'est guère admissible que le roi ne se soit pas déterminé à franchir l'espace restreint qui

---

1. *Collection des Historiens de France*, t. XX, pp. 540-542 et t. XXIII, pp. 734-783 ; on y trouve la nomenclature de tous les vassaux convoqués.

2. *Histoire de Languedoc*, t. IX, p. 16.

sépare les deux villes pour se rendre compte des opérations et, tout au moins, pour assister à la reddition
de la place.

Le siège menaçait de traîner en longueur si on
n'avisait aux moyens de faciliter l'attaque en bloquant
étroitement les défenseurs. Le roi avait juré « que
jamais il ne se partiroit du siège, devant qu'il auroit
le chastel tresbuschié et mis par terre ou que il li seroit
rendu[1]. » Après avoir tenu conseil pour examiner quel
était le meilleur parti à prendre dans la circonstance,
Philippe le Hardi fait réunir un grand nombre d'ouvriers.
Ordre leur est donné de couper le pied de la montagne
« à piquois, à bêches et à heues. » Les travailleurs se
mettent à l'œuvre avec tant d'ardeur qu'ils tranchent la
roche de manière à ouvrir une voie grande et large « où
la gent à pié et à cheval y povoit passer[2]. »

Devant de pareils préparatifs, le comte de Foix se sent
ébranlé dans sa confiance ; il comprend que le roi est
ferme dans ses desseins ; comment pourra-t-il échapper
au péril qui le menace? Le roi d'Aragon et le vicomte
de Béarn[3] lui conseillent de s'accorder sans retard avec
son suzerain et d'implorer son pardon. Philippe le Hardi
accueille les messagers du comte et leur enjoint de
dire à leur maître qu'il ait à se rendre à discrétion.
Le 5 juin, Roger-Bernard va trouver son vainqueur,
s'agenouille devant lui et requiert merci. Le roi, sans
ménagement, le fait garotter et conduire prisonnier à
Carcassonne, dans une tour de la cité[4] ; la captivité du
comte ne durera pas moins d'une année. Avant de
quitter le pays, le roi de France, pour dédommager les
habitants de Pamiers et ceux du voisinage qui avaient

1. *Collection des Historiens de France*, t. XX ; Guillaume de Nangis, p. 493
et *ibid*. t. XXIII, pp. 89-90; *Chronique de Primat*, traduite par Jean du Vignay.

2. *Ibid.*, *Chron. de Primat*, t. XXIII, p. 90.

3. *Hist. de Languedoc*, t. IX, p. 17.

4. *Ibid.*, t. IX, pp. 17 et 19.

fait leur soumission dès le début, leur fait distribuer.[1] 2,500 livres tournois par Guillaume, abbé de Belleperche.

Le château de Foix et plusieurs autres de la haute vallée de l'Ariège furent remis[2], après que le roi de France en eut pris possession, à la garde du roi d'Aragon qui s'était interposé entre les parties pendant le cours des hostilités. Il prétendait, en outre, exercer des droits de suzeraineté sur toute la région qui s'étend de la montagne jusqu'au Pas de la Barre, à une demi-lieue en aval de Foix ; au-delà, le pays relevait du comté de Toulouse. Nous ignorons pour quels motifs le roi de France consentit à faire cette cession, dont il ne tarda pas à faire annuler les effets.

Une légende[3] s'est formée à propos du siège de Foix : il est trop simple d'attribuer la reddition du château à l'idée que Roger-Bernard s'était faite de son impuissance[4]. On raconte que Philippe le Hardi fit rassembler un grand nombre d'hommes, non pour dégager les abords de la forteresse et ouvrir une voie accessible aux assaillants, mais pour saper le rocher en enlevant de gros blocs et en creusant des galeries. Cette opération devait amener la chute de la forteresse, qui se serait effondrée sous l'effet de la mine. On représente le comte et la garnison s'apercevant, peu à peu, de l'avancement des travaux et finissant par demander grâce dans la crainte d'être engloutis. Cette tradition se perpétue, se reproduit dans chaque notice descriptive. On montre même aux visiteurs crédules sur les flancs abrupts du rocher, non loin de l'Arget, les traces d'entailles faites par les assié-

---

1. *Hist. de Languedoc*, t. IX, p. 17.

2. *Ibid.*, pp. 17, 19, 20.

3. Nous ne savons pas où cette légende a pris naissance ; on la trouve reproduite par Dumège dans les *Mémoires de la Société archéologique du Midi de la France*, t. II, pp. 232-249. 1834-1832, et ensuite dans Castillon d'Aspet : *Histoire du Comté de Foix*, t. I.

4. Ch.-V. Langlois, *Philippe le Hardi*.

géants. Rendons justice à M. l'abbé Duclos[1] de n'avoir pas accepté cette légende, qui ne tient pas debout devant un examen même superficiel. Nous venons de raconter d'après les historiens contemporains à quel genre de travaux se livra l'armée française, il ne fut nullement question de creuser des galeries dans le rocher[2]; nos lecteurs peuvent s'en convaincre en parcourant les textes que nous donnons à titre de pièces justificatives[3].

Le peintre Jolivet, au Salon de 1838, n'a pourtant pas hésité à représenter les troupes de Philippe le Hardi, occupées à saper le rocher où se dresse un château qui ne rappelle que vaguement notre monument[4]. En peinture, comme en histoire, la fantaisie a souvent plus de chance de s'imposer que la vérité[5].

Après la soumission du comte, Pierre de Durban, gouverneur du château, en fit la remise à Godefroy de Roquebertin, délégué du roi d'Aragon, qui en prit possession solennellement au nom de son maître. Les opérations donnèrent lieu à l'accomplissement de formalités caractéristiques. Le 7 juin, Pierre de Durban,

---

1. *Hist. des Ariégeois*, t. II, p. 45 La gravure, qui représente un épisode du siège, est en contradiction avec le texte; en effet, on voit les pionniers en train de creuser le rocher.

2. Guillaume de Nangis dans sa chronique latine, qui est plus développée que la version française, donne le détail sur les moyens employés pour pratiquer une voie accessible tout autour du château.

« Quum rex et ejus exercitus prope castrum, propter montem oppositum accedere non valerent... rex misit operarios qui montem celtibus scinderent et juxta pedes montium viam latam equitibus aperirent. Quod opus quum irceptum fuisset et labore continuo talis operis artifices pedem montis abscidissent, comes, videns firmum regis propositum, timuit valde. » *Collection des Historiens de France*, t. XX, Guillaume de Nangis, p. 492.

3. Voir n° 2 des pièces justificatives.

4. *Hist. des Ariégeois*, t. II, p. 46.

5. On peut également citer, comme spécimen de fantaisie en matière historique, la gravure qui se trouve dans *La description de la France* par une société de gens de lettres. (*Comté de Foix*, Paris, 1788, in-f°.) On a eu la prétention de représenter le siège de 1272. Sur un rocher isolé est situé un château à trois tours, dont les créneaux rappellent plutôt le quinzième que le treizième siècle. Au premier plan paradent des guerriers revêtus d'armures, telles que les chevaliers en portaient aux approches de la Renaissance.

accompagné du vicomte de Béarn, de religieux, de
chevaliers et d'un notaire, sort du château et marche à
la rencontre de Godefroy de Roquebertin. Chacun s'assure
de l'identité de son interlocuteur et décline l'objet de sa
mission[1].

« Je viens, dit le premier, de la part du comte, mon
maître, vous confier le château en commende et en
garde pour le roi d'Aragon ; tenez, voici les clefs de la
première porte. »

Roquebertin les reçoit, pénètre dans l'enceinte et
successivement, après la répétition des mêmes formalités,
se fait remettre différentes parties du château[2].

Le roi d'Aragon ne garde la forteresse en son pouvoir
qu'à peine un mois[3] ; le 7 juillet, elle est livrée à Philippe
le Hardi ; ce jour-là, Eustache de Beaumarchais, sénéchal
de Toulouse, Guillaume de Cohardon, sénéchal de
Carcassonne, et Pierre de Villars, sénéchal royal du pays
de Foix, s'y réunissent et rédigent un acte authentique
déterminant quelles sont les limites du comté qui
venait d'être mis sous sequestre au nom du roi de
France.

Avec le château de Foix, le roi d'Aragon avait reçu en
gage ceux de la vallée supérieure de l'Ariège ; s'il avait
mis de l'empressement à faire l'abandon de Foix, il n'en
fut pas de même pour les autres places. Malgré les réclamations qui lui sont adressées, il refuse de faire évacuer
le pays, alléguant qu'il relève de sa couronne[4]. Cette
prétention a pour résultat de faire prolonger l'emprison-
nement du comte ; Jacques Ier ne persiste plus dans sa
résolution et fait abandon des châteaux aux officiers
de Philippe le Hardi. A la fin de l'année 1273, Roger-

1. *Hist. de Languedoc*, t. IX, p. 19.

2. *Ibid.*, t. X, pièce 8, cc. 107-110, *Remise du château de Foix aux gens du roi d'Aragon*. Nous donnons, en résumant, la traduction de ce document.

3. *Ibid.*, t. IX, p. 19.

4. *Ibid.*, p. 20

Bernard recouvre sa liberté, mais ne rentre en pleine possession de ses domaines qu'en 1275[1].

Cette série de mésaventures ne sert pas de leçon au remuant feudataire ; après avoir encouru la disgrâce du roi de France, il s'attire la colère du roi d'Aragon qui venait de lui prêter aide et assistance. Jacques Ier, irrité de le voir intriguer dans les affaires de l'Aragon, le fait arrêter en 1280[2]. Philipe le Hardi craignant que les états de Roger-Bernard, pendant sa captivité, ne soient exposés à quelque surprise, obtient, en 1281, de la comtesse[3] le droit de faire garder le château de Foix et quelques autres places de la frontière. C'est seulement le 26 octobre 1285, que Philippe le Bel, qui venait de succéder à son père, donne ordre aux garnisons d'évacuer les places occupées[4]. En agissant ainsi, il témoignait sa reconnaissance au comte, qui s'était montré fidèle allié de la France pendant la guerre entreprise par Philippe le Hardi en Catalogne contre le roi d'Aragon.

1. *Hist. de Languedoc*, t. IX, p. 21.
2. *Ibid.*, p. 78.
3. *Ibid.*, t. IX, p. 79.
4. *Ibid.*, p. 121.

CHAPITRE V

**Le château jusqu'à la Réforme. — Gaston-Phœbus à Foix.
La guerre de la succession de Foix - Navarre.**

A partir du quatorzième siècle, le château, s'il conserve sa valeur stratégique, n'a pas la même importance politique, car Foix n'est plus l'unique capitale des comtes qui viennent, en héritant du Béarn, de la Bigorre, du Marsan et de grands domaines en Catalogne, d'augmenter leur puissance ; ils sont obligés de se transporter et de s'arrêter là où sont engagés leurs intérêts. Pau, Orthez, font tort à Foix.

Une ville située dans le pays de Foix, Mazères, à partir de Gaston-Phœbus jusqu'à Gaston IV, c'est-à-dire, pendant la seconde moitié du XIVe siècle et pendant la première partie du XVe, devint une des résidences préférées des comtes. C'est dans cette ville qu'en 1390 Gaston-Phœbus reçut le roi Charles VI, qu'en 1412 mourut le comte Jean I.

Au XIVe et au XVe siècles, quelques faits, enregistrés par les chroniqueurs ou révélés par les documents, méritent d'être signalés à l'attention.

Gaston Ier [1], fils de Roger-Bernard III, commença son règne dans des conditions analogues à celles que son père avait rencontrées au début du sien. Comme lui, il se heurta aux représentants de l'autorité royale de plus en plus disposée à battre en brèche le pouvoir des grands feudataires ; sa résistance n'eût pas des résultats

1. Gaston I, règne de 1301 à 1315 ; Gaston II de 1315 à 1343, et Gaston-Phœbus de 1343 à 1391.

aussi tragiques qu'en 1272. Pour subvenir aux dépenses occasionnées par la guerre de Flandre, Philippe le Bel, en 1305, imposa sur le Languedoc un subside s'élevant au cinquantième du revenu. Les commissaires royaux prétendirent y soumettre les communautés du pays de Foix, comme relevant de la sénéchaussée de Carcassonne. Le procureur de Gaston Ier soutenait qu'elles devaient en être exemptes comme elles l'avaient été au temps des comtes de Toulouse. Les commissaires n'ont cure de ces représentations et passent outre ; ils se dirigent sur Foix ; les consuls leur en font fermer les portes ; même accueil à Varilhes, à Tarascon. Les agents du fisc entendent s'acquitter de leur mission et font saisir des objets ; le peuple se soulève, court sur les sergents et se livre à des désordres.

A la suite de cette sédition, le sénéchal de Carcassonne somme le comte de lui remettre les coupables pour en faire bonne justice ; le comte refuse de déférer à cet ordre. Le sénéchal ordonne de mettre le pays sous la main du roi, tant que la soumission ne serait pas complète. En cette circonstance, il ne fut pas nécessaire de recourir à un déploiement de forces. Les consuls de Foix et d'autres villes comparurent à Carcassonne devant deux délégués royaux ; les habitants de Foix furent condamnés à 2000 livres d'amende et ceux des autres communautés en proportion de leurs ressources et de leur culpabilité. Les consuls de Foix et le procureur du comte en appelèrent au roi, qui renvoya l'affaire au Parlement[1].

Le 4 novembre 1331[2], le comte Gaston II obtient du roi Philippe de Valois l'autorisation de faire incarcérer sa mère Jeanne d'Artois, dont il avait à se plaindre[3]. On lui reprochait la façon dont elle avait administré les états

---

1. *Hist. de Languedoc*, t. IX, pp. 282-285.
2. *Ibid.*, p. 462.
3. Castillon d'Aspet, *Histoire du Comté de Foix*, t. I, pp. 309 et suiv.

et le patrimoine de ses enfants mineurs ; on l'accusait de ce qu'étant encore *juvenis et lasciva*[1], elle menât une vie licencieuse et donnât de mauvais exemples. Enfermée d'abord au château de Foix, puis envoyée en 1333 à Orthez, elle est transférée de prison en prison jusqu'en 1343, époque où, grâce à l'intervention du roi de France, elle recouvre sa liberté[2].

Gaston Phœbus est né en 1331 : le fait est certain, mais en quel pays ? dans le comté de Foix ou en Béarn ? On ne sait pas. De ce que ses parents ont fait restaurer le château de Foix, de ce qu'il y a passé une partie de sa jeunesse, faut-il en conclure que Foix est sa ville natale ? Il serait téméraire de transformer une supposition en affirmation.

Au temps de la minorité de Gaston Phœbus, le roi de Majorque, Jacques, vint chercher un refuge auprès de son cousin ; il avait tenté de recouvrer ses états que Pierre IV, roi d'Aragon, lui avait enlevés. Arrivé au château de Foix, en novembre 1344, il y reçut un accueil bienveillant et en repartit après avoir obtenu quelques secours[3].

Pendant son enfance et pendant sa jeunesse, Gaston-Phœbus résida dans la ville d'où, comme il le dit plus tard dans une charte octroyée aux Fuxéens, sa famille tirait son origine, son nom et son éclat : *Origo, nomen et honor*. En donnant plus loin la description du château, nous verrons qu'au milieu du quatorzième siècle la tour du centre a été transformée et ornée pour servir d'habitation. Les clefs de voûte portent encore les armoiries de Comminges, qui étaient celles d'Éléonore, mère de Gaston. C'est la confirmation de la légende qui, cette fois, d'accord avec l'histoire et l'archéologie, perpétue le souvenir du séjour de ce comte à Foix.

---

1. *Hist. de Languedoc*, t. X, pièce 200, cc. 573, 580. (*Exposé des griefs contre la comtesse Jeanne d'Artois.*)
2. *Ibid.*, t. IX, p. 549.
3. *Ibid.*, t. IX, pp. 554, 555.

En 1357, pendant l'automne, Gaston était au château avec son cousin, le fameux Jean de Grailly, captal de Buch, et plusieurs gentilshommes du Midi ; ils se préparaient à partir pour la Prusse, afin de répondre à la demande de secours adressée par le Grand-Maître de l'ordre Teutonique à la chevalerie d'Occident[1].

L'année suivante, le comte était revenu de Prusse. C'est à ce moment qu'éclate un curieux conflit entre les habitants de la ville et les agents du seigneur. Désireux de mettre fin aux déprédations d'une troupe de brigands installés dans le voisinage, au château de l'Herm, les Fuxéens s'organisent militairement, et, sous la conduite de leurs consuls, bannière déployée, partent à la conquête de ce repaire. Repoussés par leurs adversaires, ils rentrent en désordre à Foix. Les officiers du comte, qui avaient placé l'Herm sous la sauvegarde de la justice, font arrêter consuls et notables en les accusant d'avoir méconnu l'autorité du comte et les enferment dans le château. Les prisonniers ne se déconcertent pas ; ils font parvenir leurs réclamations au prince et invoquent les privilèges de la cité violés par leur détention illégale. Entre ses officiers et les habitants de sa bonne ville de Foix, Gaston était embarrassé : les premiers semblaient de connivence avec les brigands ; les seconds, en prenant les armes, malgré la défense à eux faite, s'étaient conduits en révoltés. Quel parti prendre ? Gaston Phœbus était gascon, il se tira fort habilememt d'affaire ; il accorda une amnistie générale, en imposant à tous silence et oubli. Cet épisode prouve que, si parfois le château était une menace pour les habitants, il y avait aussi pour eux un recours possible contre l'arbitraire et que les chartes des privilèges communaux ne restaient pas lettre morte[2]. Les coutumes contenaient des clauses

---

1. Pasquier, *Gaston Phœbus en Prusse*, 1357-1358. Foix, Gadrat, 1893.

2. *Bulletin de la Société Ariégeoise*, t. II. p. 252 et tirage à part. F. Pasquier, *Épisodes de la vie municipale à Foix sous Gaston Phœbus.*

précises garantissant la liberté des citoyens : nul ne
pouvait, dans la ville de Foix ou sa juridiction, être
arrêté, interrogé, jugé sans l'intervention des consuls.
Le pouvoir de ces magistrats s'arrêtait à l'enceinte
(clausura) du château, où le comte possédait seul le droit
de justice. Si les habitants avaient été appelés en cet
endroit pour quelque procès, ils auraient pu, en présence
des officiers du seigneur, se laisser intimider ; il importait d'assurer leur liberté. Aussi était-il spécifié que les
habitants, obligés de fournir une caution pour garantir
leur comparution en justice, devaient la remettre au
représentant du comte, non pas dans le château, mais
sur la place publique ou au tribunal de la ville[1].

En 1362, ranimant les anciennes querelles de leurs
familles[2] au sujet de la succession de Béarn, les comtes
de Foix et d'Armagnac en étaient venus aux prises à
Launac[3]. Gaston Phœbus[4] triomphe de son rival et le
fait prisonnier avec les comtes de Comminges, de Par-
diac, le seigneur d'Albret et ses deux frères, les seigneurs
de Terride et de Barbazan et neuf cents autres nobles ;
c'est au château de Foix qu'il donne ordre de les conduire
et qu'il fixe le prix de leur mise en liberté.

Le 16 décembre 1362, il les assemble devant le château
et, se présentant lui-même devant eux, il leur fait une
déclaration pour leur apprendre « qu'il voulait bien par
« grâce leur accorder une ampliation de leur arrêt, ne pas
« macérer leur corps par la prison et les traiter favorable-
« ment comme nobles et gentilshommes. » Il leur assigne
ensuite pour prisons les villes de Mazères et de Pamiers,
avec permission de se promener dans les environs sans

---

1. F. Pasquier, *Coutumes municipales de Foix sous Gaston Phœbus.* Toulouse, Ed. Privat, 1891, pp. 22, 23, 25, n° 9, 10, 23, 26.

2. *Hist. de Languedoc*, t. IX, pp. 747-750.

3. Launac, dans le diocèse de Toulouse, près de Grenade ; la bataille eut lieu
le 5 décembre 1362.

4. *Chroniques romanes des comtes de Foix*, Foix, Gadrat, 1895, pp. 56-59.

pouvoir cependant découcher ; les seigneurs acceptent
la proposition et s'engagent de ne pas s'éloigner tant
que leur rançon ne serait pas payée intégralement.
On dresse ensuite divers actes où chacun débat le prix
de sa libération. Les comtes d'Armagnac et de Comminges,
qui se trouvaient à Foix, cautionnent quelques-uns
des principaux seigneurs de leur suite.

Gaston Phœbus se montra fort exigeant ; on prétend
qu'il sut tirer parti de la situation au point de se faire
remettre un million d'écus par ses prisonniers. Froissart,
qui donne ce chiffre, exagère sans doute, dit M. Molinier,
la somme doit être réduite de moitié. Toujours est-il que
les captifs furent obligés de demander des délais et de
fournir des gages et des répondants. Quelques-uns ne
purent s'acquitter à l'échéance stipulée ; le 13 mars 1365,
le sire d'Albret et ses deux frères étaient encore retenus
au château de Foix, parce qu'ils ne pouvaient fournir le
dernier terme de leur rançon s'élevant à 33 333 florins et
4 000 florins pour un autre seigneur de leur famille[1].

La paix entre les comtes de Foix et d'Armagnac fut
définitivement conclue, le 14 avril 1363, dans l'église
saint Volusien de Foix, par l'intermédiaire des représentants
du roi de France et du pape. L'évêque d'Oloron
célébra pontificalement la messe du Saint Esprit ; les
deux princes, après l'*Agnus Dei*, jurèrent, sur le corps de
Jésus-Christ, d'observer les clauses du traité et s'embrassèrent
en présence des évêques de Couserans, d'Aire,
de Lescar, de l'abbé du Mas-d'Azil, d'un grand nombre
de seigneurs et d'une grande multitude de peuple[2].

La guerre contre les Armagnacs avait procuré à Gaston
Phœbus honneur et profit ; à cette occasion est née la
légende, dont J.-J. Delescazes[3] s'est fait l'interprète, et

---

1. *Hist. de Languedoc*, t. IX, pp. 771-772.

2. Ce récit est principalement tiré de l'*Hist. de Languedoc*, t. IX, pp. 747-750, t. X, preuves, cc. 1281-1283.

3. *Mémorial historique*, p. 21.

d'après laquelle la tour ronde aurait été bâtie avec le produit des rançons. Le style du monument, qui révèle les procédés du quinzième siècle et non du quatorzième, ne s'accorde pas avec cette tradition[1].

Entre les maisons de Foix et d'Armagnac, la paix n'est pas durable ; en 1376, les hostilités sont reprises de plus belle[2] ; un moment la fortune semble contraire au vainqueur de Launac. Menaud de Barbazan, capitaine au service du comte d'Armagnac, parcourt tout le pays de Foix jusqu'à Pamiers. Effrayé des progrès de l'ennemi, Gaston Phœbus, qui était alors à Orthez, prescrit au châtelain et aux consuls de Foix de mettre la ville en état de défense[3]. Pouvoir leur est donné de démolir les maisons qui nuiraient à l'établissement de fortifications, de barrer les rues et de faire tout ce qu'exigerait l'intérêt public. Ces précautions deviennent inutiles, grâce à la défaite des Armagnacs près de Montaut[4] dans le pays de Foix.

En 1380, quelque temps après l'avènement de Charles VI au trône, le gouvernement de Languedoc fut enlevé au comte de Foix et donné à l'oncle du roi, au duc Jean de Berry. Gaston Phœbus ne se résigna pas à cette disgrâce et n'hésita pas à résister les armes à la main. La guerre, après avoir duré deux ans, se termina par un arrangement entre les deux parties. Pendant les hostilités, un parti de routiers occupait le château de Rabastens pour le duc de Berry. Gaston Phœbus assembla un corps de troupes et délivra la contrée de cette bande qui la ravageait. Il fit pendre ou noyer quatre cents brigands ; sept de leurs chefs furent pris et conduits aux

---

1. Voir plus bas la description du château au paragraphe de la tour ronde.

2. *Hist. de Languedoc*, t. IX, p. 855. — *Chroniques romanes des comtes de Foix*, p. 60.

3. *Livre d'or des Félibres d'Aquitaine*, Foix, Pomiès, 1886, p. 87. — Charte de Gaston Phœbus tirée du cartulaire municipal de Foix.

4. *Hist. de Languedoc*, t. IX, p. 855.

châteaux de Foix et de Pamiers où ils moururent en prison[1].

Le nom de Gaston Phœbus n'évoque pas que des souvenirs glorieux ; le personnage véritable, tel que le montre l'histoire, nuit parfois au héros à qui la légende attribue les plus brillantes qualités. Gaston n'avait qu'un fils ; soupçonnant que celui-ci, à l'instigation de son oncle maternel, Charles le Mauvais, roi de Navarre, voulait l'empoisonner, le fit mettre en prison ; le jeune prince y mourut en 1381 d'une façon tragique[2]. Suivant Froissart et plusieurs historiens, le fait s'est passé à Orthez ; d'après d'autres auteurs qui n'en fournissent pas la preuve, ce serait au château de Foix. M. l'abbé Duclos semble s'être rangé à cette opinion et a fait dessiner une gravure où est représentée la scène[3]. Dans une salle de la tour du centre, au château de Foix, on voit un jeune homme à l'air dolent, que soutiennent plusieurs geôliers, au moment où il est en train de défaillir.

La mort de son fils priva Gaston Phœbus d'un héritier direct. En 1391, son cousin, Mathieu de Castelbon, lui succéda ; étant mineur, il fut placé sous la tutelle de sa mère Géraude de Navailles. A la fin d'août, le nouveau comte tint cour plénière[4] pour recevoir l'hommage des vassaux et confirmer les chartes des coutumes communales[5] ; la séance eut lieu au château dans une grande salle nouvellement construite[6]. En 1345, quand les vassaux prêtèrent serment de fidélité à Gaston Phœbus,

---

1. *Hist. de Languedoc*, t. IX, p. 891. — *Chroniques romanes des comtes de Foix*, p. 61.

2. Froissart a donné un récit de ce fait.

3. Abbé Duclos, *Hist. des Ariégeois*, t. V, p. 348. L'auteur n'indique pas où il a puisé ses renseignements, qui sont en contradiction flagrante avec l'affirmation des autres historiens.

4. F. Pasquier. *Coutumes de la ville d'Ax*. Foix, Pomiès, 1886, pp. 26-20.

5. *Hist. de Languedoc*, t. IX, p. 962, et t. X, preuves 736, c. 1827.

6. Voir plus bas la description du château.

ce fut dans le cloître de l'abbaye de Saint Volusien à Foix[1].

Pour les consuls de Foix, en 1391, la cérémonie d'hommage eut un caractère tout particulier. Provisoirement ils avaient été chargés de la garde du château ; au jour indiqué, ils se transportent dans la forteresse dont ils font fermer les portes et attendent le comte ; lorsque celui-ci se présente, ils l'introduisent à l'intérieur et lui mettent les clefs en mains, comme signe de seigneurie et de possession[2].

Le 5 août 1398, s'éteignit, en la personne de Mathieu de Castelbon, mort sans postérité, la première race des comtes de Foix ; leur succession passa dans la maison de Grailly. La sœur de Mathieu, Isabelle, femme d'Archambaud de Grailly, captal de Buch, recueillit l'héritage[3]. Leur fils, Jean I, leur succéda en 1412[4] ; lorsqu'il mourut, en 1436, la couronne comtale échut à Gaston son fils, encore mineur[5]. A l'avènement de chacun de ces princes eut lieu une cérémonie d'installation pendant laquelle le souverain jura de respecter les franchises et libertés du pays, confirma les chartes de coutumes communales, reçut le serment de fidélité de ses nouveaux sujets. En 1398[6], le 30 septembre, pour Archambaud, les trois États de la province se réunirent à Foix, non plus au château comme sous Mathieu, mais dans le cloître de l'église saint Volusien. En 1412, Jean I tint la session à Pamiers. En 1436, pour l'installation de Gaston IV, une première cérémonie fut célébrée à Mazères ; quand il eut atteint sa majorité, il voulut ratifier les engagements

---

1. *Hist. de Languedoc*, t. IX, p. 549.
2. Archives départementales de l'Ariège, série E, privilèges du Comté de Foix.
3. *Hist. de Languedoc*, t. IX, p. 976.
4. *Ibid.*, p. 1015.
5. F. Pasquier. *Privilèges et libertés des trois États du Comté de Foix* à la fin du XIV° et au commencement du XV° siècles, pp. 5-6.
6. *Hist. de Languedoc*, t. IX, p. 978.

pris en son nom ; le 1er avril 1448, les états furent
rassemblés à Foix dans le cloître de l'église saint Volusien ; là, il renouvela son serment et, en même temps,
il promit de respecter et de faire observer toutes les
libertés communales et provinciales accordées par ses
prédécesseurs[1].

A Foix, la première partie du quinzième siècle est
marquée par la construction de la tour ronde, preuve que
les comtes n'abandonnaient pas encore complètement le
manoir d'où était sortie leur famille et dont ils appré-
ciaient l'importance politique et militaire[2]. Quelques
événements d'intérêt local, survenus à cette époque,
donnent aux chroniqueurs l'occasion de citer le nom du
château dans leur récit.

Le comte Jean Ier, en 1416, prit part aux négociations[3]
qui mirent fin au grand schisme d'Occident. L'antipape
Benoît XIII, Pierre de Luna, comptait au nombre de ses
plus fidèles soutiens un certain Jean Carier, originaire
du Rouergue, qu'il avait créé cardinal sous le titre de
Saint-Etienne in Cœlio monte. En 1421, Jean Carier se
trouvait au château de Torène en Rouergue, d'où il
s'échappa pour rejoindre son protecteur à Péniscola, en
Espagne. A la mort de ce dernier, en 1423, il choisit et
créa de sa propre autorité un pape qu'il désigna sous le
nom de Clément VIII. Il ne publia cette décision qu'en
1429 et en fit part au comte d'Armagnac, partisan obstiné
du schisme. En 1433, Jean Carier fut arrêté à Puylaurens,
dans l'Albigeois ; le comte de Foix se le fit livrer et le
renferma au château de Foix où il mourut misérablement;
son corps fut enseveli au pied d'un rocher[4].

1. F. Pasquier. *Privilèges et libertés des trois États du Comté de Foix* à la
fin du XIVe et au commencement du XVe siècles, p. 6.

2. Voir dans la seconde partie de cette notice ce qui a trait à la tour ronde.

3. *Hist. de Languedoc*, t. IX, p. 1114. — Flourac, *Hist. de Jean Ier, comte
de Foix*, pp. 62-65.

4 *Ibid.*, t. IX, p. 1115. — *Chroniques romanes des comtes de Foix*, p. 69.
En Espagne, Carier était appelé Carillio ; Esquerrier le désigne sous le nom de
Jehan Carors.

En 1443, le comte Gaston IV relègue dans une des tours Marguerite de Comminges, femme de son oncle Mathieu, qui, pour s'en débarrasser, n'avait trouvé rien de mieux que de la remettre à son neveu. Le tort de la vieille dame était de persister à prolonger son existence au grand dépit de ses héritiers. Il ne fallut rien moins que l'intervention du roi de France pour mettre fin à la captivité de l'infortunée princesse[1].

Deux documents, l'un de 1446, l'autre de 1450[2], font connaître comment, à cette époque, on pourvoyait à la garde et à l'entretien du château. En vertu du droit féodal autorisant le seigneur à exiger de ses vassaux la corvée et le service du guet, les habitants des villages voisins, notamment ceux de Ganac, Brassac, Serres, Saint-Pierre-de-Rivière, Cos, situés dans la vallée de la Barguillère, étaient tenus de faire *gueyt e manobras al castel de Foix*. Les villages de Baulou, Prayols, Vernajoul dans la banlieue de Foix étaient soumis aux mêmes charges. Au moyen des corvées, les réparations de l'édifice étaient assurées ; le guet consistait pour les hommes requis à passer un certain temps dans la forteresse, à y renforcer la garnison et y faire le service de place. Il est à remarquer que ces charges n'étaient pas personnelles, mais réelles[3] ; c'est parce qu'il était tenancier de telle maison dans tel village qu'un vassal était soumis à cette prestation. S'il venait à quitter l'immeuble sur lequel pesait l'obligation, il en était affranchi. Tantôt un village était soumis en même temps au guet et à la corvée, tantôt il n'était astreint qu'à l'une de ces conditions[4].

1. *Hist. de Languedoc*, t. IX, pp. 1147-1148.

2. I. — Archives de l'Ariège, série A, réformation du Comté de Foix en 1446, registre en langue romane.

II. — F. Pasquier, *Coutumes municipales de Foix sous Gaston Phœbus*, pp. 41-43. *Dénombrement en langue romane de la ville et du consulat de Foix en 1450*, d'après le registre E 391 conservé aux archives départementales des Basses-Pyrénées.

3. *Item ha, en lodit loc en certz hostals, gueyt e manobra al castel de Fois.*

4. Voir aux pièces justificatives n° 3 les déclarations des habitants de Foix.

Aux époques suivantes, nous ne trouvons plus trace ni de la corvée, ni du guet. Pendant les guerres de Religion, on constate que la garnison était composée de soldats et non de vassaux réquisitionnés.

La fin du siècle est attristée dans toute la région pyrénéenne par la querelle survenue entre deux branches de la maison de Foix au sujet de la succession de François-Phœbus, décédé en 1483. Jean de Foix, vicomte de Narbonne, invoquant la loi salique, conteste les droits de sa nièce Catherine, femme de Jean d'Albret, sœur du prince défunt.

La division s'introduit dans le Comté ; chaque parti recrute des adhérents qui, les armes à la main, cherchent à faire triompher ses prétentions. L'évêque de Pamiers, Mathieu d'Artigueloube, se déclare ouvertement l'adversaire de Catherine, qui soutenait son compétiteur à l'évêché, Pascal Dufour. En 1483, Mathieu se met un jour résolument à la tête d'une bande armée et porte secours à Jean de Château-Verdun, qui assiégeait le château de Foix pour le vicomte de Narbonne ; tous deux, unissant leurs efforts, viennent à bout de la résistance de la forteresse qui capitule[1]. Pendant le règne de Charles VIII, la lutte, continuée avec des alternatives de succès et de revers, se termine à Tarbes, en 1497, par un traité favorable à Catherine et à son mari Jean d'Albret. L'année suivante, par suite de la mort du roi Charles VIII, survient un changement de situation. Jean de Foix, l'oncle et le compétiteur de Catherine, était l'époux de Marie d'Orléans, sœur du nouveau roi de France, Louis XII[2]. L'occasion était trop favorable pour que le vicomte de Narbonne n'essayât pas de faire annuler le traité de Tarbes. La guerre recommence entre les partis. A l'instigation des agents de la Couronne,

1. *Hist. de Languedoc*, t. XI, p. 134.
2. *Ibid.*, pp. 162-164.

l'affaire est évoquée devant les Parlements de Toulouse
et de Paris, qui donnent gain de cause aux parents du
roi. En vertu de décisions judiciaires, le Comté de Foix
est mis sous séquestre. Un conseiller, maître des
requêtes de l'hôtel, Pierre de La Vernade, est chargé de
procéder à l'exécution des sentences et de pourvoir à
l'administration du pays en nommant les titulaires des
divers offices. Gaspard de Villemur, seigneur de Pailhès,
déjà sénéchal du Comté, est désigné comme capitaine du
château de Foix. Par lettres patentes données, à Blois, le
22 février 1510, Louis XII confirme le choix fait par son
délégué et prescrit au sénéchal de Toulouse et au juge
de Rieux de recevoir le serment du capitaine châtelain.
Défense est faite à ceux qui ont la même charge au nom
de la reine Catherine de s'immiscer désormais dans
l'exercice de cette fonction. Ordre est donné au trésorier
de payer les gages du nouveau titulaire sur les revenus
du Comté de Foix [1]. La querelle de la succession prit
fin par la mort de Gaston de Foix, fils de Jean de Narbonne, tué à la bataille de Ravenne, en 1513, où il
commandait les troupes de son oncle le roi de France.

Le Comté de Foix est peu à peu abandonné par ses
souverains, qui n'y font plus que de courtes apparitions
de loin en loin. La venue des princes est une occasion
de réjouissances publiques, de cérémonies officielles et
aussi de dépenses pour les villes où l'on préparait une
entrée solennelle. Au mois d'avril 1535, le roi de
Navarre, Henri d'Albret et sa femme Marguerite de
Valois, sœur de François Ier, visitent leur comté et se
rendent à Foix où ils sont reçus avec apparat. La ville
offre à Marguerite une coupe et un plateau d'argent
doré, un pavillon de damas portant les armes de la

---

1. F. Pasquier, *Donation du fief de Pailhès en 1256 et documents concernant les seigneurs de cette baronnie au seizième siècle*, Foix, Pomiès, 1890.
— *Lettres patentes de Louis XII donnant commission de capitaine du château de Foix à Gaspard de Villemur, seigneur de Pailhès*. pp. 17-20.

reine et de la cité. Le cadeau réservé au roi est d'un usage plus pratique : il consiste en veaux, chevreuils, poulets, barriques de vin blanc et claret, en torches de cire, foin, avoine. Les seigneurs qui faisaient partie du cortège royal, l'évêque d'Oloron, Jacques de Foix, l'évêque de Rodez, Georges d'Armagnac, M. de Pailhès, ne sont pas oubliés[1]. Les habitants de Pamiers ne se montrèrent pas aussi généreux et aussi délicats à l'égard de leurs souverains, quand quelques temps après ceux-ci devinrent leurs hôtes[2] ; pas de pièces d'orfèvrerie, rien que des objets de consommation.

Au mois de mars précédent, Henri avait donné un exemple de justice susceptible de relever le prestige de l'autorité royale et de concilier les sympathies populaires. Quelques seigneurs de petits fiefs situés aux environs de Varilhes[3], en contestation avec leurs vassaux au sujet de l'exercice des droits féodaux, avaient provoqué plusieurs habitants de cette ville ; était survenue une rixe pendant laquelle un syndic avait été tué et plusieurs de

1. Archives municipales de Foix, registre des délibérations de 1535. (Communication de M. Guy Trouillard, ancien archiviste de l'Ariège).
Délibération du 11 février. — Le conseil décide d'offrir un présent à la reine, « so es de ung plat et una coppa, et un papilho ont sian las armas de la dita dama et de la vila... Foc appunctat que sia feit lo tot à una sorta et plus bela que se poyra fe,.. et que le plat et la coppa sian de argent sobredaurat et lo papilho de damas. »
Délibération du 7 avril. — « Foc appunctat que sira donat au rey, otro lo present de Madama, 3 bedels o 2 cabirols, 12 capos, 12 crabitz, 2d⁽ᵉ⁾ poletz, 6 barricas by blanc et claret, una dotzena de torchas de 2 libra cascuna, 12 cestiers de cibada, 24 cargas d'erba. »
Item, es estat remostrat coma mossenher de Oloron be en companha deu rey, lo cal grandament porta l'afar de la vila au cuer, per vese si ly sira donat re per sa venguda. Es estat appunctat que los mossenhers consols ly donen duas barricas de by blanc et claret, 6 torchas de 1 libra et mietja cascuna, detz cargas d'erba et sieys cesties de civada.
... Item per vese si sira donat re à mosseyher de Rodes, lo cal es ung dels principals conselhes de madama, foc appunctat que ly sia donat duas barricas de by blanc et claret, 6 torchas cascuna de 1 libra mietja et sieys cesties de scivada.
Item à mossenher de Palhes que ly sia donat una barrica de by, tres cesties de civada, 6 cargas d'erba, duas torchas de 1 libra meitja cascuna.

2. J. de Lahondès, *Annales de Pamiers*, t. I, p. 414.

3. Petite ville située entre Foix et Pamiers.

ses compagnons blessés. La justice consulaire ouvre une instruction et parvient, non sans peine, à s'emparer des coupables ; ceux-ci sont conduits au château de Foix où ils demeurent prisonniers. Le procès est poursuivi, non plus par les consuls ou par le procureur royal, mais à l'instigation des captifs qui réclament hautement leur élargissement, ne se gênant pas de déclarer qu'ils tireraient vengeance des habitants de Varilhes. En cette occurrence, les consuls et habitants de cette commune, se joignent à la veuve de la victime, adressent une requête à Henri d'Albret pour lui exposer la situation et, en même temps, pour lui demander le châtiment des seigneurs dont l'impunité accroîtrait encore l'audace : « Leur attitude, est-il dit dans la supplique, porte surtout atteinte au droit du roi. « *Redounda plus tot à injuria e blasme de vostra real Majestat.* Le prince renvoie l'acte aux officiers du Comté de Foix, en mettant au bas de la pièce l'ordre de donner suite à l'affaire, *de maneyre que aux coulpables sie pene et à totz autres exemple*[1]

Au commencement du XVIᵉ siècle, on commença d'élever le clocher, qui encore aujourd'hui reste inachevé. D'après une tradition populaire, l'interruption des travaux ne serait pas imputable au manque de ressources, aux troubles civils et religieux ; la cause en serait au comte qui ne voulait pas avoir la vue interceptée par la flèche du monument. Il ne peut être question de ce clocher ; il s'agirait de celui que fit bâtir, en 1252, l'abbé de Foix Guillaume Aton qui, au dire de Lacoudre, se serait plaint « de ce que le comte empêchait qu'on achevât la construction du clocher, sous prétexte qu'il pourrait nuire au château en temps de guerre[2]. »

1. *Bulletin de la Société Ariégeoise*, F. Pasquier, *Requête des consuls et habitants de Varilhes à Henri d'Albret, comte de Foix, roi de Navarre, pour obtenir justice d'une agression*, t. I, pp. 27–35.

2. D'après M. Roger, professeur au Lycée de Foix, ce serait un clocher élevé sur le carré du transept et qui aurait disparu, quand au XIVᵉ ou XVᵉ siècle, l'église fut transformée. (*Bulletin de la Société Ariégeoise*, t. VII, p. 74, procés-verbal de la séance du 29 janvier 1899.)

CHAPITRE VI

Guerres de Religion. — La réforme à Foix; troubles dans
la ville; Henri IV à Foix : évènements dont le château est
le théâtre. — Reprise des hostilités sous Louis XIII. —
Pacification.

Jusqu'aux guerres de Religion nous ne trouvons plus
aucun fait digne d'être signalé qui se soit passé au château
de Foix. L'avénement de Jeanne d'Albret et de son mari
Antoine de Bourbon, en 1555, marque le commencement
d'une période de troubles qui ne cessera que par l'intervention de Richelieu, après un répit de courte durée sous
le règne réparateur d'Henri IV. Cette période est l'une
des plus attristantes qu'ait jamais traversée le pays de
Foix. La lecture des documents donne une singulière
idée des contemporains. Dans les deux camps, même
violence, même férocité, même mauvaise foi ; le plus
faible n'a pas de merci à espérer du plus fort, les ruines
s'accumulent partout, la guerre pénètre dans les moindres villages, aucun établissement religieux ne reste
debout. Les efforts persévérants des évêques et des
abbés au dix-septième siècle ne réussiront pas à faire
disparaître les traces des désastres et à rendre leur ancienne splendeur aux institutions relevées. Foix, dans des
proportions moindres que Pamiers, ne fut pas épargné.

Dès 1555[1], l'hérésie s'introduisait à Foix, apportée
directement de Genève par un chirurgien nommé La
Bascounète, originaire de la Bastide-de-Besplas[2]. Un jour,

1. J. J. Delescazes, *Mémorial historique*, p. 50.
2. La Bastide-de-Besplas, canton du Mas-d'Azil (Ariége).

assisté de quelques compagnons, il n'hésita pas à venir en pleine ville, place de la Bistour, s'installer sur le banc d'une boutique et prêcher la doctrine de Calvin. L'éloquence des nouveaux apôtres ne fut pas goûtée des auditeurs ; survint une émotion populaire dont la conséquence fut d'amener la fuite du chirurgien et de ses amis. Ils ne tardèrent pas à prendre leur revanche ; avec l'appui de Jeanne d'Albret, en 1556[1], une cinquantaine d'habitants se déclarèrent pour l'hérésie. Calvin envoya de Genève un ministre, nommé Antoine Caffer, pour se mettre en rapport avec les nouveaux convertis qui se tenaient, hors ville, dans le cimetière Saint-Vincent.

En 1557[2], malgré les avertissements donnés et faute de garde, la ville fut surprise par les Huguenots, l'abbaye saccagée ; une partie de la population se déclara pour la religion des vainqueurs. Ceux-ci auraient bien voulu s'emparer du château, ils comptaient sur la trahison pour leur en ouvrir les portes. Sers[3], qui commandait la place, était un catholique fidèle ; il sut résister aux menaces et aux séductions. Sur ces entrefaites, en mars 1562, un édit de pacification fut promulgué[4] ; le seigneur de Pailhès, sénéchal du pays, fut chargé d'en assurer l'exécution et de faire vivre en paix les gens des deux religions.

La tranquillité ne fut pas de longue durée. Au mois de mars 1567, une bande de Huguenots pénètre dans l'église de Montgausy, située dans la banlieue, en enlève la statue de la Vierge et la traîne ignominieusement le long de la route en se livrant à des manifestations sacrilèges. Les catholiques, ne voulant pas laisser un tel crime impuni, s'emparent des coupables et les mettent en lieu sûr. A leur demande, le Parlement de Toulouse

---

1. J.-J. Delescazes, *Mémorial historique*, p. 54.
2. *Ibid.*, p. 60.
3. *Ibid.*, p. 62.
4. *Ibid.*, p. 63.

délègue à Foix les trois conseillers, Calmète, Claverie, Dabadie, et Voyer, substitut du procureur général, pour faire le procès des accusés. Les principaux meneurs Acoquat, Damboix, Sassot et Charrié sont condamnés à être brûlés ou roués sur le lieu du forfait; une vingtaine d'autres sont pendus devant les murs du château[1]. Les frais de procédure, s'élevant à plus de 2.000 livres, furent avancés et supportés par les particuliers qui avaient pris l'initiative des poursuites[2]. On avait contracté un emprunt garanti par la mise en gage des vases sacrés de l'église.

En 1566, sous la conduite de sa mère, Jeanne d'Albret, le jeune roi de Navarre Henri, vient dans son pays de Foix ; il y retournera en mai 1578, en avril et en novembre 1579, en juin et juillet 1584. A sa seconde visite, en 1578, il est accompagné de sa femme, la séduisante Marguerite, et fait une entrée solennelle dans la capitale de son comté[3]. D'après les récits de Delescazes et d'après les documents de l'époque, Henri IV ne serait venu qu'en ces circonstances dans le pays de Foix[4].

Un catholique, le sire de Lahisle, est, en 1578, gouverneur de la ville et du château ; le roi lui enlève cette charge et la donne à un Huguenot, Brignon[5], qu'assiste comme lieutenant Deing, officier plus fanatique que son chef. Sous l'administration de ces deux agents, ce ne sont qu'alertes, pillages, destructions. Au printemps de 1580, Brignon renforce secrètement la garnison du château en introduisant par une fausse porte des Huguenots de la région ; le 15 avril, à leur tête, il descend en ville et s'en fait remettre les clefs par les consuls, qu'il réduit

---

1. J.-J. Delescazes, *Mémorial historique*, pp. 64-65.

2. *Ibid.*, p. 65.

3. *Ibid.*, pp. 68 et 98-99.

4. *Recueil des lettres missives d'Henri IV* publié par Berger de Xivrey. *(Documents inédits de l'Histoire de France)*, t. II, *pièces justificatives.* Séjours et itinéraires. Une lettre du 22 mars 1578 au maréchal de Damville est datée de Foix.

5. Delescazes, p. 100.

à l'impuissance. Cet attentat est le commencement des persécutions contre les catholiques. Le vieux chroniqueur Delescazes a laissé un triste tableau de la dévastation dont l'abbaye fut victime : « Après s'être saisi tant des portes de la ville que de celles de l'abbaye, déjà réduite en sa puissance,.... Brignon print l'avantage à mesme temps d'enlever toutes les richesses, commoditez et meubles plus précieux rencontrez dans icelle, qu'il fit remettre dans le chasteau, avec les reliques du bienheureux saint Volusien, argenterie, calices, croix, chandeliers, lampes, encensoirs, cloisons de fer et autres ornemens treuvez dans les chapelles particulières des confréries de l'église dudit Foix, permettant à la foule d'employer sa force au débris et fracassement pitoyable de tout le reste[1]. »

Le gouverneur du château, suivant l'expression de Lacoudre, ne se mit pas en peine de ce précieux dépôt, prit l'argent de la châsse et jeta les reliques du haut du rocher, sans qu'on ait jamais pu savoir ce qu'elles sont devenues[2].

En ce moment, le roi de Navarre était à Montauban ; les catholiques de Foix lui envoient une députation pour lui exposer leur triste sort. Cette démarche amène la destitution de Brignon, mais ne modifie pas sensiblement la situation. Deing, son lieutenant, le remplace, et les catholiques sont molestés de plus fort ; ils voient un des leurs assassiné en plein jour par un soldat de la garnison. Enfin dans le courant du mois de mai 1581, poussés à bout, ils en arrivent à un tel point d'exaspération qu'ils se soulèvent, attaquent les Huguenots, brûlent leur temple, les repoussent du côté du château où ils les forcent à chercher refuge. Les protestants du pays ne laissent pas leurs coreligionnaires sans secours. Le 15 mai, à l'entrée de la nuit, neuf cents hérétiques se

1. Delescazes, *Mémorial historique*, pp. 101-102.
2. Lacoudre, *Vie de saint Volusien*, édition Pomiès, Foix, 1893, p. 53.

réunissent sur les bords de l'Arget et tentent l'assaut ; après avoir percé les murailles de Fouichet, soutenus par la garnison du château, ils pénètrent dans la ville. Pendant trois heures, un combat s'engage à travers les rues ; les deux chefs des catholiques, ennemis mortels l'un de l'autre, ne peuvent s'entendre pour donner des ordres et laissent la confusion se mettre dans leurs troupes. La victoire demeure aux Huguenots qui mettent la ville au pillage, chassent les religieux de l'abbaye et en démolissent l'église[1].

A cette époque, on constata qu'il était nécessaire d'effectuer des réparations en diverses parties du château ; on jugea opportun d'offrir aux hôtes de distinction qui venaient à Foix un logement plus convenable que celui dont les gens s'étaient contentés jusque-là.

En 1576, Brenieu, capitaine du château, un maître des requêtes, Bertrand de Lavalade et un auditeur des comptes, Pierre de Laroque, visitèrent le Comté, avec mission de procéder à la mise en ferme du domaine royal et de s'enquérir des besoins du pays[2]. A Foix, les commissaires déléguèrent un maçon, Antoine Maurin, et un charpentier, Etienne Pollet, pour vérifier l'état de la couverture des trois tours du château. Ces ouvriers adressèrent un rapport où ils consignèrent le résultat de leur examen et donnèrent le devis des travaux à faire, tant pour la restauration des couvertures que pour la construction de trois guérites.

Pour la fourniture des ardoises, tuiles, soliveaux, de la chaux, du sable, du fer, ils demandaient 219 livres et 500 livres pour « la façon de la besongne. » Le devis parut trop élevé ; « sur quoy a esté advisé de faire diligence de treuver autres entrepreneurs qui facent meilleure condition pour bailler les dites réparations au

---

1. Delescazes, *Mémorial historique*, p. 104
2. Archives départementales des Basses-Pyrénées, B, 1181. Procès-verbal des affermes du Comté de Foix.

rabais. » Le document, dont nous venons de donner l'analyse, prouve qu'au seizième siècle les trois tours étaient couvertes ; il concorde avec un dessin du commencement du dix-septième siècle conservé à la Bibliothèque nationale.

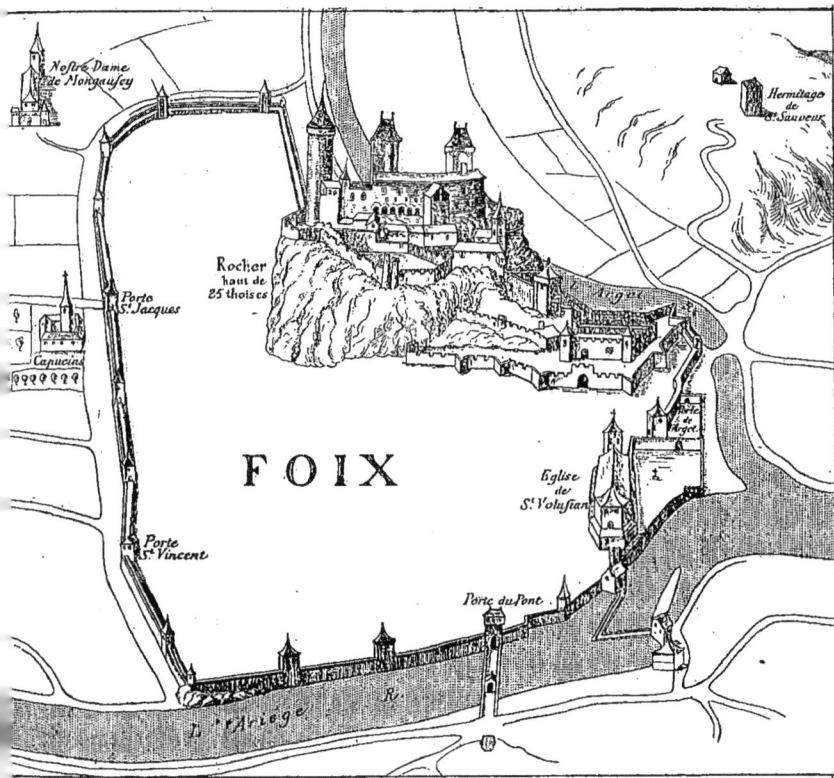

Fig. 4. Vue cavalière du château et de l'enceinte fortifiée de Foix au milieu du XVIIe siècle, d'après un dessin manuscrit de la bibliothèque nationale[1].

Quelques années après, Deing, lieutenant du château, juge à propos de faire « dresser quelque commodité de

1. Quoique daté de 1669, le dessin est antérieur à cette époque. En effet, la tour ronde est encore couverte en poivrière selon le style de la fin du Moyen-Âge ; or, en 1667, elle fut détruite par la foudre et remplacée par une toiture

logis en l'estaige de l'endroit du tinel[1] d'Armaignac » ;
les dépenses s'élèvent « à la somme de trois cent septante
deux escus sol et deux tiers. » Présentée au conseil du
roi, la note n'est pas approuvée ; on demande à Deing de
faire « apparoir de l'ordonnance en vertu de laquelle les
dites réparations auroint esté faictes. » Il est obligé de
reconnaître qu'il ne peut obtempérer à cette réquisition,
parce qu'il avait agi « en bon et fidèle mesnager à la des-
coration et fortiffication dudit chasteau, » c'est-à-dire
qu'il avait entrepris les travaux sans adjudication, ni
marché régulier. Dans cette situation il s'empresse
de s'adresser directement au roi de Navare, qui à ce
moment se trouvait à Montauban, pour lui représenter
« qu'à ses costs, fraiz et despens, il auroit faict bastir une
sale et chambre pour la grande commodité et embellissement du chasteau ; » cependant il compte bien « de
n'estre pas frustré pour ceste impense utile et nécessaire. » N'obtenant pas la réponse sur laquelle il comptait, il écrit de nouveau au roi dans les termes suivant :

Au roy de Navarre.

    « SIRE,

    « Le sieur Dain[2], commandant en vostre chasteau de
Foys en l'absence du sieur de Brenieu, vous remonstre
très humblement que, despuis qu'il est en sa charge, il
auroit fort considéré la nécessite qu'il estoit de dresser
quelque comodité de logis en l'estaige de l'endroit du
tinel d'Armaignac, tant pour avoir moyen d'y entretenir
plusieurs de ceux qui y viennent voir le dit sieur de

---

de forme surbaissée. Le dessin est postérieur à 1638, époque où les Capucins
fondèrent leur couvent en dehors de la ville, sur Villote, en face la porte Saint-
Jacques. C'est donc entre 1638 et 1667 que la vue aurait été prise.

    Dans le cours de l'Ariège un angle, dont le sommet est en amont, figure la
chaussée d'un moulin aujourd'hui disparu ; l'emplacement a conservé le nom
de *Mouli despailhat* (moulin détruit).

    1. Tinel, de *tinellum*, grande salle, appartement d'apparat. Ce mot a été
déjà employé dans la notice.

    2. Delescazes écrit toujours *Deing*.

Brenieu et le remonstrant, auxquels ne se peut desnier l'ouverture, que pour tenir en plus grande seuretté le donjeon dudit chasteau, par lequel tout le reste d'icelluy desmeure asseuré et asubjetty ; de sorte que, depuis deux ans ans ou environ, il auroit fait bastir au susdit endroit une sale et chambre, que Vostre Magesté auroit despuis veue, et auroit requis vostre juge maige et con- servateur de vostre Domaine d'en vouloir faire la visite avecques experts et estimer les fornitures en ce par le remonstrant faictes. A quoy il auroit esté murement pro- cédé ; et comme apert par le procès verbal cy-ataché, les dittes fornitures auroient esté estimées à la somme de trois cens soixante six escuts sol et deux tiers. A ceste cause, Sire, plaise à Vostre dite Magesté commander et ordonner luy estre expédié mandement de cette somme et la faire assigner sur la recepte de vostre comté, affin que le supplyant aye moyen de continuer le très hum- ble service qu'il vous a desdié en sa cause propre[1].

« DAIN. »

Le 19 août 1584, le roi prescrit à ses agents du pays de Foix de donner satisfaction à Deing ; il déclare avoir reconnu par lui-même, pendant son dernier séjour au château, que les réparations étaient nécessaires et d'un prix raisonnable.

De par le roy de Navarre.

« A nostre amé et féal conseiller, trésorier et receveur général de nos maison et finances, Maistre Macé du Perray, salut.

« Nous voullons, vous mandons et ordonnons que, par Maistre Pierre Bouesdron par nous commis à la recepte genéralle de nostre conté de Foix, vous faictes payer, bailler et délivrer comptant à nostre cher et bien

---

1. Arch. des Basses-Pyrénées, B, 2728.

amé Pierre Bonnyer, sieur de Dain, lieutenant du sieur
de Brenieu, cappitaine et gouverneur de nostre chasteau
et ville de Foix, la somme de trois cens soixante six
escuz deux tiers, que nous lui avons ordonnée et ordonnons par ces présentes pour plusieurs réparations
nécessaires qu'il a faictes faire en nostre dit chasteau,
et mesmes y ayant faict bastir une salle et chambre.
Lesquelles réparations nous aurions veues dernière-
ment[1], estant dans nostre dit chasteau, qui nous apparut
deuement du pris d'icelle. Et rapportant par vous le
présent mandement tant seullement avec quittance
dudit Bonnyer de ladite somme de iii^c lxvi escuts ii t. sur
ce suffisante, icelle sera passée et allouée en la despense
de vos comptes, desduite et rabatue de vostre charge et
recepte par nos amez et féaulx les auditeurs d'iceulx,
auxquelz mandons aincy le faire sans difficulté. Car tel
est nostre plaisir. Donné à Montauban, le xixe jour de
aoust mil cinq cens quatre vingts et quatre[2].

      « Henry.   « Laltier. »

Malgré la faveur dont il semblait jouir auprès de son
maître, Deing, en 1584, est sacrifié pour donner une
satisfaction tardive aux catholiques. Henri nomme le
capitaine Comte gouverneur de la ville et du château,
mais comme compensation, il met à la tête de la province le sire de Lévis d'Audou, chef redoutable des
Huguenots, à qui ses cruautés ont acquis une triste et
durable célébrité. La bonne harmonie ne pouvait régner
entre les deux rivaux. « Comte, dit Delescazes, sans
considération d'aucun parti, entretint tousjours les

---

1. D'après l'itinéraire cité plus haut, p. 44, le roi serait venu dans le Comté
de Foix en 1584 au commencement de juin, puis à la fin de juillet.

2. Arch. des Basses-Pyrénées, B 2728. — Nous avons reproduit *in extenso*
ce document, parce qu'il constate la venue d'Henri IV à Foix en 1584. Le sieur
de Brenieu, dont il est question, n'est autre que le Brignon du chroniqueur
Delescazes.

habitans en paix et concorde jusqu'en l'an 1595[1]. » Au
mois de juin de cette année, le sire d'Audou surprend la
ville et assiège le capitaine dans le château ; grand émoi
et grand embarras des habitants qui ne savent de quel
côté se ranger[2]. La querelle s'apaise et le roi, pour
ramener le calme, délègue un commissaire général dont
l'arrivée marque le début d'une ère de tranquillité.
A partir de ce moment, le culte catholique est publiquement rétabli, « et, ajoute Delescazes[3], ce fut donc alors
que les catholiques commencèrent à respirer sous la
douce domination de leurs nouveaux consuls, lesquels,
tant d'un party que d'autre, firent vivre un chacun
politiquement. » Cette situation ne se modifia pas tant
que vécut Henri IV.

Sous Louis XIII, la reprise des hostilités entre les
partis remet Foix sur le pied de guerre. En 1621, le
gouvernement du château passe des mains du catholique
Matherot[4] à celles du protestant Restinclière-Toiras qui,
après avoir pris possession de son poste, laisse tous ses
pouvoirs à son lieutenant Laroubière[5]. C'était un Huguenot fanatique ; entrant aussitôt en relations avec ses
coreligionnaires qui tenaient la campagne, il complote
de livrer la place. Averti à temps, Restinclière envoie à
Foix son frère, M. de Laforest, qui chasse le traître
et établit une garnison catholique[6].

Laforest-Toiras, qui est catholique, remplace son frère
Restinclière dans le gouvernement de la ville et du
château. Delescazes, se faisant l'interprète des catholiques, est prodigue d'éloges envers un administrateur
« entretenant un chacun en paix sous l'obéyssance de

1. *Mémorial historique*, p. 115.
2. *Ibid.*, p. 115.
3. *Ibid.*, p. 116.
4. *Ibid.*, p. 138.
5. *Ibid.*, p. 142.
6. *Ibid.*, p. 142.

Sa Majesté et sans aucune oppression, et sous lequel on vit ledit château entièrement remis en son premier lustre[1]. » Aussi quand arrive dans Foix le P. Vilatte, religieux observantin de Toulouse, pour prêcher l'Avent, il se porte dans ledit « château pour rendre ses devoirs et humbles salutations qu'il devoit à une personne de telle condition. » Il y eut controverse publique entre le moine et Aureillard, ministre protestant. Foudroyé par les arguements du Père, le ministre s'avoue vaincu, au grand découragement de ses partisans, dont le nombre était du reste fort restreint. Lui-même prend le parti de quitter la ville. Après son départ, le conseil communal, au mois de mars 1622, vote la destruction du temple calviniste[2]. Laforest approuve la délibération et décide, « attendu que ledit temple est préjudiciable au chasteau et maison du Roy, il seroit mis bas[3], » ce qui fut aussitôt exécuté. En même temps, le gouverneur donne ordre de réparer et de rendre à sa destination première la chapelle du château, « laquelle avoit esté profanée et divertie pendant l'espace de quarante deux ans[4]. » Elle fut bénie et de nouveau dédiée à saint Louis[5] par un vicaire général de l'évêque de Pamiers délégué à cet effet[6].

Après les alertes qui avaient troublé la ville en 1621, il importait de recourir à des mesures de prudence, afin de ne pas être pris au dépourvu. En 1623, Louis XIII charge Aymeric Gaffron, commissaire de l'artillerie, d'envoyer deux canons et des munitions au château de

1. *Mémorial historique*, p. 142.

2. *Ibid.*, p. 143.

3. *Délibérations municipales de Foix*, 20 mars 1622, f° 570 v°.

4. Delescazes, p. 143.

5. Pour tout ce qui concerne la chapelle, voir plus bas la *Description archéologique*.

6. P. Ant. Brun, *Bulletin de la Société Ariégeoise*, t. V, *Les guerres de Religion dans le Pays de Foix sous Louis XIII*.

Foix[1]. De Narbonne on expédiera les deux pièces, de Montpellier dix milliers de poudre, et de Carcassonne mille boulets de calibre. L'arrivée du convoi est une occasion de fêtes. Un jour du printemps, Laforest-Toiras se porte au devant de l'artillerie jusqu'à Saint-Jean-de-Verges, « tambour battant et enseignes déployées. » Les consuls et les habitants s'arrêtent à un oratoire voisin de la ville ; un des consuls fait une harangue pour remercier le roi et Laforest-Toiras. La compagnie des soldats formant la haie fait une salve de mousqueterie, à laquelle répond la garnison du château ; les canons tirent et saluent la ville, « de quoi le peuple se seroit grandement réjoui, » les habitants les traînent « avec cordes et à force de bras » sous le couvert de la place[2]. Laforest-Toiras les fait ensuite conduire dans « la basse cour du château » qui devait se trouver au bas du rocher[3]. Deux portails donnaient accès dans cette basse-cour ; sur l'un d'eux étaient appliquées les armes du roi « peintes, dorées et taillées en pierre avec ces mots : « *Louys est ma loy.* »

La prise d'armes de 1625 n'a qu'un faible retentissement dans la ville de Foix, qui fut seulement contrainte de fournir des approvisionnements nécessaires à l'armée royale, commandée par le maréchal de Thémines assiégeant le Mas-d'Azil.

En 1627, la révolte, dont le duc de Rohan est le chef,

---

1. Ces détails sont empruntés à la notice de M. Doublet : *Les incidents de la vie municipale à Foix sous Louis XIII.* L'auteur a pris la plus grande partie de ses renseignements dans le registre des délibérations municipales de Foix, 1623-24. Voir aussi P.-Ant. Brun, *Les guerres de Religion dans le pays de Foix*, p. 37, Foix, Gadrat.

2. Le couvert de la place devait être ce hangar accolé contre l'église depuis la porte du clocher jusqu'au bras méridional du transept. Ce couvert, comme on le verra plus loin, servait parfois aux assemblées des habitants, qui y étaient convoqués, pour délibérer ou pour entendre des communications officielles. Toute trace de cette construction a disparu lors des dégagements pratiqués autour de l'église de 1880 à 1884.

3. Cette basse-cour devait être sur l'emplacement de la cour actuelle du palais de justice et de l'esplanade qui le précède.

se propage dans le pays de Foix ; pendant la nuit du 13 novembre[1], il s'empare par surprise de Pamiers d'où s'enfuient précipitamment l'évêque, les chanoines et les ecclésiastiques qui se réfugient à Varilhes. Le duc envoie sa cavalerie ravager la vallée de la Barguillère aux environs de Foix, dans l'espérance que les traîtres, avec lesquels il entretient des intelligences, lui livreront le château[2]. Son attente est trompée ; ne pouvant plus tenter le coup de main qui convenait à son audace, il se retire en Languedoc. L'année suivante, pendant le siège que l'armée royale, sous les ordres du prince de Condé et du duc de Montmorency, entreprend au mois de mars pour recouvrer Pamiers, Foix reste fidèle et contribue au ravitaillement des assiégeants[3].

Le dimanche 12 novembre 1628, la prise de La Rochelle est l'occasion de grandes réjouissances, dont le programme détaillé est inséré au registre des délibérations municipales de la ville de Foix[4]. C'est du château que le gouverneur, précédé d'un portrait du roi, sort pour aller à l'église abbatiale et prendre part à la fête. « Les fauconneaux et couleuvrines du chasteau tonnoient entre temps, puis les deux canons de calibre... les habitans et manans avoient receu l'ordre d'allumer, dès que le canon du chasteau aura donné ce signal ; furent allumés audit chasteau quatorze fanals qui ont duré toute la nuit, savoir quatre à chacune des trois grandes tours et un à chacune des deux petites. En même temps, la ville voyant ledit signal, chacun fist son feu et mit lumière aux fenestres... et tous les lieux dépendans dudit consulat de ladite ville firent aussy leurs feux au commandement qu'ils en avoient eu d'allumer au dernier coup

1. Delescazes, pp. 151-152.
2. *Ibid.*, p. 153.
3. *Ibid.*, p. 153.
4. F° 677.

de canon, et en fust allumé au plus haut des montagnes à la veue des anciens rebelles[1]... »

La paix d'Alais, accordée par le roi en 1629 aux protestants vaincus, mit fin aux troubles. Dans les villes du Comté de Foix, il y eut bien encore quelques agitations indiquant que le calme était plus apparent que réel. Si la discorde n'éclatait plus entre huguenots et catholiques, la rivalité se manifestait entre les représentants des divers pouvoirs. En 1635, le sire de Lapasse, gouverneur du château, vivait en mauvaise intelligence avec du Ferrier, juge mage de la sénéchaussée, dont le siège n'était pas encore transféré à Pamiers. Un conflit éclate entre ces deux fonctionnaires ; les habitants prennent fait et cause dans la querelle ; on en vient aux mains, il y a des blessés. Chef de la force armée, Lapasse réduit son adversaire à l'impuissance, le constitue prisonnier dans sa maison et le fait ensuite conduire au château[2]. Après quelques jours de captivité, le juge mage est délivré ; le Parlement de Toulouse, pour punir Foix de l'outrage infligé au pouvoir judiciaire, décide que la sénéchaussée sera transférée au village de Montgailhard. Par arrêt du Conseil du 5 mars 1636[3], cette décision est annulée et les choses sont rétablies sur l'ancien pied. La toge, en cette circonstance, fut obligée de s'incliner devant les armes.

Après la ruine du protestantisme comme parti politique, après l'abaissement de la haute noblesse frappée dans le duc de Montmorency, la royauté jugea prudent de prendre des mesures en vue d'enlever aux rebelles les moyens de s'organiser et de se maintenir dans le pays. Les fortifications des villes, les châteaux des seigneurs, et même ceux du roi, furent condamnés au démantèle-

1. Voir les ouvrages cités de MM. Brun et Doublet.
2. Delescaze, *Mémorial historique*, p. 166.
3. *Ibid.*, p. 166.

ment, afin, dit[1] Louis XIII, dans un ordre signé à
Toulouse le 28 octobre 1632, « que les factieux ne se
puissent prévaloir des dites places pour troubler le repos
et la tranquilité de nos sujets. » Des commissaires furent
désignés pour surveiller les démolitions. On commença
par Mazères, Pamiers, Saverdun, puis on continua par
Montaut, Tarascon, Labastide-de-Sérou, Roquefixade,
Le Carla[2]. En 1638, le roi, dans le désir de diminuer les
charges supportées par la Province, et reconnaissant
que les châteaux de Montgaillard et de Mérens étaient
inutiles, en prescrivit le rasement complet[3].

1. *Mémorial historique*, p. 163. — Le roi était en ce moment à Toulouse
pour rétablir l'ordre compromis par la rébellion du duc de Montmorency.

2. *Ibid.*, pp. 164, et c.; voir le mot *démantèlement* à la table analytique pour
la nomenclature des places.

3. *Ibid.*, pp. 170-171.

CHAPITRE VII

Le château de Foix depuis le milieu du règne de Louis XIII jusqu'à la fin du règne de Louis XIV. — Réparations. — Projet de démolition. — Charges de l'entretien. — Excès de la garnison.

A la fin du règne de Louis XIII, dans la vallée de l'Ariège, il ne restait guère plus des antiques forteresses féodales du Moyen Age que le château de Foix. Pourquoi cette exception ? On a supposé que, dans la capitale du Comté, le roi avait voulu conserver l'ancien berceau d'une dynastie, à laquelle se rattachaient les Bourbons[1], et perpétuer les traditions en y maintenant le gouverneur du pays. Semblables considérations de sentiment n'étaient pas dans les idées de l'époque. La paix était à peine rétablie ; la prudence commandait de laisser des troupes dans la contrée pour parer à toute éventualité ; or, placé dans une ville qui, en 1621 et 1627, avait déjoué les menées de traîtres et s'était montrée fidèle à la cause catholique et royale, le château de Foix était tout désigné pour rester debout. On était, en outre, à la veille d'une déclaration de guerre à l'Espagne ; il convenait de ne pas dégarnir une frontière où, en dehors de cette forteresse, il ne subsistait plus que les murailles d'Ax, peu capables d'arrêter la marche d'envahisseurs. Ces motifs avaient attiré l'attention de l'autorité royale quand, en octobre 1625, le maréchal Thémines avait été obligé de lever le siège du Mas-d'Azil. Aussi, le 23 juin 1626[2],

---

1. Henri IV était comte de Foix du chef de sa mère Jeanne d'Albret.
2. Archives des Basses-Pyrénées, B 1201 ; — *Chambre des comptes* (ordonnance de Laforest-Toiras).

Louis XIII signe-t-il à Blois des lettres patentes pour prescrire de réparer et de fortifier le château de Foix. « Considérant l'importance dudit chasteau pour arrester les courses et entreprinses des estrangers et contenir ses subjects dudit pays dans l'obéissance, » le roi « ordonne estre faist fonds de la somme de mille livres par an pour estre employée aux réparations, fortiffications et magasins. » On ne se préoccupe guère, tout d'abord, de se livrer à ce genre de travaux. En vain un arrêt du Conseil d'Etat recommande-t-il de mettre en exécution les ordres du roi. C'est seulement, en 1632, qu'on trouve les ouvriers à l'œuvre. Le 28 mars, Laforest-Toiras enjoint de mettre en adjudication l'ouvrage à faire conformément au devis dressé ; trois jours après, un sergent, délégué par le gouverneur et le procureur du roi reçoit « dans la basse-cour du château » les offres des ouvriers. Sur une mise à prix de 1.200 livres, Pierres Joffres et Bertrand Comanay, maîtres maçons de la ville, proposent un rabais de 200 livres et sont déclarés adjudicataires des travaux ; le solde leur en est payé l'année suivante après la production d'un procès-verbal de réception « de la besongne[1]. »

Les abords de la forteresse furent pourvus d'ouvrages qui protégeaient la porte d'entrée, le logement du gouverneur, et se reliaient aux murailles de la ville. Le devis détaillé donne une idée des travaux, dont il décrit le caractère technique au point de vue militaire.

Estat des réparations et fortiffications nécessaires au chasteau de Foix pour estre faictes, l'année présente 1632, suivant l'ordre du roy et les ordonnances de M. de Laforest-Toyras, gouverneur pour Sa Majesté dudit chasteau et ville de Foix.

« Premièrement fault tirer une muraille à pierre, chaux, despuis la première porte dudit chasteau à la

---

1. Arcives des Basses-Pyrénées, pièces de comptabilité, B 1201.

droicte jusqu'à la muraille de la ville, avec trois petites poinctes de bastion distant doutze pas l'une de l'autre, pour deffandre la dite première porte et le logement dudit sieur gouverneur, fondée sur le ferme et solide.

« Laquelle murailhe aura cinq pans d'espesseur au plus bas, quatre pans au milhieu et trois sur le haut, avec flancz et embrazeures en pierre de taille ou brique pour le canon ; et aura trente sept cannes de long et trois et demy de hault.

« Plus faudra combler de terre le vuide desdites trois pointes de bastion, comme aussi la dite murailhe par le dedans entre icelle et ledit logement, de la haulteur de deux cannes six pans et de largeur trois cannes. Laquelle terre sera prinse de celle qui se tirera desdits fondemens et du dehors de la dite murailhe de ville au plus près, sans y apporter toutes fois aucun presjudice.

« L'entrepreneur sera tenu faire les dites réparations et fortifications et fournir tous les matériaux et maneubres nécessaires, le tout parachevé dans un mois prochain.

« Fait, dans le chasteau dudit Foix, le 28e jour de mars 1631.

                                        « LAFOREST-TOIRAS

      « Par mondit sieur[1] ,

           « BARREAU, secrétaire. »

Malgré l'intention bien formelle du pouvoir central, démontrée par l'entretien dont elles étaient l'objet, les tours comtales étaient menacées. Dès le rétablissement de la paix, il est question de ne pas les épargner ; la population ne se montre pas favorable à leur existence, les réclamations parties de Foix trouvent de l'écho en

---

1. Archives des Basses-Pyrénées, pièces de comptabilité, B 1201. C'est à M. de Loye, archiviste des Basses-Pyrénées, que nous devons communication des documents concernant le château de Foix et conservés à Pau.
Nous prions notre confrère d'agréer nos remerciements pour son obligeance.

haut lieu. Nous empruntons quelques détails à M. Doublet qui, dans deux mémoires[1], a tracé un tableau animé et pittoresque des évènements survenus dans la capitale du pays à cette époque.

En 1629, un certain nombre d'habitants se montrent disposés à demander la démolition du château, la suppression de la garnison et le remplacement de Laforest-Toiras ; des intrigues sont nouées en vue d'obtenir ce triple résultat. Un complot s'organise ; à la tête se trouvent les ennemis du gouverneur, entre autres Jacob Goulhard, lieutenant de la sénéchaussée. Une réunion, où prennent part une soixantaine de personnes, se tient à l'hôtel de ville ; les assistants décident d'envoyer au roi une députation chargée de réclamer la destruction de la forteresse.

Le 28 octobre, un autre Goulhard (Jean), capitaine commandant en l'absence de Laforest-Toiras, convoque le Conseil général de la commune sous le couvert de la place. Les quatre consuls, quarante-huit conseillers, cent cinquante personnes répondent à l'appel. Là, en présence de deux notaires chargés de dresser procès-verbal de la délibération, Jean Goulhard dénonce le complot et amène les consuls à faire une rétractation. L'assemblée vote des félicitations à Laforest-Toiras, proclamant que, depuis qu'il est Foix, tout y va bien ; elle constate que le château « était réparé, embelli, fortifié, pourvu, comme il se voit, d'artillerie, armes et munitions de guerre et de vivres nécessaires à une place de frontière, si importante et capable d'empêcher les ennemis du roi. » Enfin, on reconnaît que « ladite place est extrêmement nécessaire et très importante,

---

1. *Bulletin de la Société Ariègeoise*, t IV, pp. 383-420. La vie militaire à Foix et le rôle du château de 1630 à 1675. — *Incidents de la vie municipale à Foix sous Louis XIII*. Foix, Gadrat, 1895.

M. Doublet, pour la composition de ces mémoires, a consulté principalement les registres des délibérations municipales de la ville de Foix.

tant pour le service du roi que pour la conservation du pays, n'y ayant dans icelui aucune autre place qui puisse résister en cas d'oppression civile ou étrangère. » On rend même hommage à la garnison « qui n'a pas permis à Rohan de prendre la ville et qui ne s'est jamais livrée à des violences envers les habitants. »

Les événements, qui se produisaient fréquemment, donnaient un démenti à ces témoignages de satisfaction décernés aux soldats ; la sécurité n'était assurée à aucun des partis. Un jour, sur la place du Mercadal, le sergent-trompette du gouverneur est attaqué, battu et on lui vole son instrument[1]. Un prébendier de l'église est couché en joue par le concierge des prisons du château. D'autres soldats rouent de coups de bâton un huissier et blessent plusieurs habitants au milieu de la place. Le juge mage affirme avoir vu un consul menacé.

Il n'est pas étonnant si, devant de tels excès, le conseil politique, quelques années après, n'a plus la même manière de voir qu'en 1629 et si, libre d'émettre un avis sans être influencé, il se prononce nettement en faveur d'une mesure susceptible de mettre fin aux malheurs de la ville. Le monument est sérieusement menacé au commencement de l'année 1634 ; l'évêque de Pamiers, Henri de Sponde était à la cour et se préoccupait d'aviser aux moyens de réédifier sa cathédrale détruite par les Huguenots. Désireux de se procurer à bon compte d'excellents matériaux, il demandait les pierres à provenir de la démolition d'une des trois grosses tours du château. Dans une lettre du 3 avril, il annonce ce projet à son neveu Jean de Sponde, qui plus tard devint son coadjuteur[2].

Le 4 avril de cette même année 1634, le Conseil politique

---

1. G. Doublet, *Incidents de la vie municipale*, octobre 1629.

2. Archives de l'Ariège, série G, évêché de Pamiers *Lettres de Sponde*. Communication de M. l'abbé Ferran, dans la séance du 29 janvier 1899, *Bulletin de la Société Ariégeoise* t. VII, p. 90.

est informé officiellement par Laforest–Toiras que le roi a l'intention de prescrire la démolition de la forteresse. Les conseillers sont invités à émettre leur avis sur l'opportunité de la mesure. « Si elle vous apporte du dommage et que la conservation de la place vous soit plus advantageuse et au service du roy et bien public, c'est à vous d'en faire cognoistre vos raisons pâr un depputé et par très humbles supplications à Sa Majesté[1]. » Une délibération s'ouvre à ce sujet et, par dix-neuf voix contre trois, le Conseil donne son assentiment au projet. D'après une note trouvée dans les papiers particuliers de Caulet, évêque de Pamiers, que plus tard nous allons voir favorable à la destruction, le château fut sauvé par une manœuvre de Laforest–Toiras. Cet officier aurait transmis au Conseil d'État une requête de prétendus habitants de Foix demandant l'ajournement de la démolition[2].

L'examen de la supplique occasionna des retards qui sauvèrent l'édifice. Quel était le but de Laforest–Toiras ? Il craignait sans doute que la disparition du château et le retrait de la garnison n'entraînassent la suppression de son emploi ; de là le zèle qu'il déploya en la circonstance. Foix reste donc place de guerre et, en conséquence, exposé à tous les inconvénients qu'entraîne la présence des soldats indisciplinés, habitués à mépriser les habitants. M. Doublet a donné un intéressant récit des incidents qui surgirent à la suite de la rivalité entre soldats et citadins[3]. Ne nous occupons pas des pauvres bourgeois, souvent rossés et jamais contents, qui font entendre vainement leurs doléances au gouverneur ; ne citons que les faits intéressant directement le château.

En 1635, éclate avec l'Espagne une guerre que termi-

1. Doublet, *La vie militaire*, pp. 385, 386.
2. *Ibid.*, 419.
3. *Ibid.*, pp. 401, 403, 420.

nera, seulement en 1659, le traité des Pyrénées ; c'est
une période d'agitations, d'alertes. Un jour, on annonce
la présence des Espagnols au-dessus de Mérens[1], on
équipe à Foix une compagnie pour marcher à la frontière, on remet la place en état de défense.

En 1638, naissance du Dauphin qui devait être
Louis XIV[2] ; c'est une occasion de grandes démonstra-
tions, auxquelles le château s'associe en tirant des salves
d'artillerie. Cinq ans après, il en est de même quand on
rend les honneurs funèbres à la mémoire de Louis XIII
et qu'on salue l'avènement du jeune roi[3].

C'était à Toulouse qu'on amenait les prisonniers de
guerre Espagnols ; par décision du 21 avril 1641, notifiée
aux capitouls de cette ville, le roi décide qu'une partie
des captifs sera dirigée sur Foix[4]. Quand ils arrivent,
on les loge dans les chambres de la tour ronde ; on les
entretient aux frais de la ville qui, pour subvenir à cette
dépense, est obligée de contracter un emprunt[5]. C'est
à elle aussi de pourvoir à la plupart des fournitures
de la troupe. Elle vote 600 livres destinées à remplacer
les lits qu'un précédent gouverneur avait emportés[6].
La présence des gens de guerre est une ruine pour la
malheureuse cité ; tel est le poids qu'elle doit supporter
qu'en 1659 elle s'endette de 40,000 livres[7].

Cette même année, la veille de Noël, les soldats s'emparent brutalement des charges de bois que les paysans
venaient offrir au marché ; « de sorte qu'il n'y avait que
pleurs de ces pauvres paysans par la ville n'ayant seulement moyen d'avoir du pain pour leurs enfants. » Ce
procédé était d'autant moins excusable que les soldats

1. G. Doublet, *La vie militaire*, p. 390.
2. *Ibid.*, p. 391.
3. *Ibid.*, p. 392.
4. *Archives municpiales de Toulouse*, Inv. A 22, n° 239, p. 345.
5. *Ibid.*, pp. 392-393.
6. *Ibid.*, p. 399.
7. *Ibid.*, p. 391.

ne se gênaient pas pour aller abattre des arbres dans les
métairies, sans en demander la permission à personne.
En outre, par ordonnance du 21 août 1646 rendue à
Fontainebleau, le roi, pour assurer le chauffage de la
garnison, avait prescrit que chaque année, les consuls,
prud'hommes et marguilliers des paroisses et villages
du consulat devaient faire voiturer et apporter « par
chacun audit château, par charroi, montures à bast,
courvées ou au traîneau, ainsi qu'il sera pour le mieux,
des forêts de Sa Majesté, la quantité de bois nécessaire
et ordonnée[1]. »

L'on comprend avec quel enthousiasme fut accueillie
à Foix la paix des Pyrénées. Les consuls en reçoivent la
notification officielle à la fin de février 1660 ; aussitôt ils
revêtent leur robe rouge, montent à cheval et, à son de
trompe et à cri public, annoncent la bonne nouvelle à la
population[2].

Au lendemain d'une guerre qui avait duré de 1635 à
1659, la ville de Foix recouvre un peu de tranquillité ; à
peine si, de temps en temps, quelques incidents viennent
rompre la monotonie de l'existence quotidienne.

A toutes les époques, la danse a été le plaisir préféré,
presque exclusif des Fuxéens ; pour eux, c'est le moyen
de témoigner leur satisfaction, d'exprimer leur sympa-
thie, et, à l'occasion, de faire acte d'opposition. A ce
moment, le siège épiscopal de Pamiers était occupé par
François-Etienne de Caulet, prélat d'un caractère éner-
gique, réformateur de son clergé et de ses diocésains[3],
résolu à ne jamais reculer, quand il croyait sa conscience
engagée. Janséniste austère, il avait en horreur la danse
qu'il considérait comme une cause de perdition ; aussi

1. G. Doublet, *Bulletin de la Société Ariégeoise*, t. IV, *La vie militaire à
Foix*, pp. 419-420.

2. *Ibid.*, p. 397.

3. Voir l'ouvrage de M. G. Doublet sur Caulet, *Un prélat janséniste*, etc.
Foix, Gadrat, 1895.

essayait-il, même en invoquant l'intervention du bras
séculier, de réprimer toute tentative d'amusement chorégraphique. A Foix, le lieutenant du gouverneur du
château M. de la Fleurièque, affichait des principes
contraires à ceux de l'évêque. Caulet lui reprochait de
s'opposer au progrès du bien, « par les railleries et les
bons mots »[1], surtout d'avoir fait rétablir les dimanches
et fêtes « ces danses publiques et scandaleuses de garçons et de filles, qui se faisoient d'une manière dissolue
et contraire à la pudeur ».

En 1663, cette rivalité donne lieu à un conflit. Cette
année-là, une mission avait duré six semaines ; l'évêque
avait lui-même prêché l'avent et le carême. Le 23 juin,
veille de saint Jean-Baptiste, il se rendit à Foix pour administrer, le lendemain, la confirmation ; il manifesta le
désir que les exercices religieux ne fussent pas empêchés
par la pratique des réjouissances mondaines. La Fleurièque n'a cure de cette préoccupation, et, malgré les représentations de l'évêque, il laisse danser publiquement en
pleine rue, au son des flûtes et des tambours, et il « use de
menaces assez fortes contre des particuliers qui n'estoient
qu'à demi-résolus de danser. » Le soir, sort du château
une troupe de garçons, dont la plupart étaient soldats de
la garnison, mêlés à des filles ; ils passent insolemment
devant la maison où était descendu Caulet, sautant avec
accompagnement de musique bruyante ; ils poussent en
l'air des cris et des huées. En même temps on fait partir
du château des coups de mousquet ; les danseurs battent
des paysans, et, devant la porte du couvent des Capucins
sur l'esplanade de Villote[2], excèdent de coups deux
domestiques du prélat. Le lendemain matin 24 juin, jour
de la Saint-Jean, le promoteur de l'évêché se plaint aux

1. G. Doublet, *Bulletin de la Société Ariégeoise*, t. V, pp. 89-95, *La danse à
Foix, en 1663*. C'est à cet article que nous empruntons le récit du conflit
concernant la danse.

2. Ce couvent, depuis la Révolution, a été transformé en hospice.

consuls de ce « qu'aucungs particuliers, par un notable mespris et contravention aux saincts décrets, ordonnances royales et arrests de la cour, veulent danser, ayant envoyé quérir des violons, hautbois et tambours. » Le conseil politique est saisi de l'affaire et, à une voix de majorité, semble se prononcer en faveur de l'évêque. Celui-ci s'en prend directement à l'autorité municipale, et, s'appuyant sur les ordonnances de police, somme les consuls d'interdire les bals. Il expose le Saint Sacrement et cherche à retenir le peuple à l'église, peine perdue ; dès le soir, les mêmes personnes partent du château avec des flambeaux allumés, se livrent aux mêmes insolences et même à de plus grandes, faisant résonner toute la nuit par les rues les tambours et les flûtes, « mêlés à leurs hurlements et à leurs cris scandaleux. » Le lendemain, dès sept heures du matin, reprise de ces folies à l'instigation de la Fleurièque. « Voilà, écrit Caulet dans un mémoire adressé au Parlement pour dénoncer les faits, voilà les danses publiques rétablies dans Foix, et le Diable se sert de son autorité malheureusement en ce rencontre[1]. »

Si les soldats de la garnison contribuent à donner aux réjouissances populaires un entrain par trop exubérant, s'ils prêtent parfois main-forte pour chasser « les bohémiens infectant les campagnes[2], » ils continuent, comme leurs devanciers, à répandre la discorde dans la cité. En 1671[3], recommencent les scènes de bourgeois molestés. Dans un cabaret, deux citoyens, en train de se rafraîchir, sont roués de coups. Ils portent plainte aux consuls qui en réfèrent au Conseil ; on ne sait trop quel parti prendre, parce que les agresseurs sont des soldats du château « et que la conséquence pourroit être

---

1. G. Doublet, *Ibid.*, *La danse à Foix.*

2. G. Doublet, *Bulletin de la Société Ariégeoise*, « La vie militaire, » t. IV, p. 399.

3. *Ibid.* Notre récit n'est qu'un résumé des passages où sont décrites ces scènes.

pernicieuse. » Les battus déclarent que leurs vainqueurs
« se sont déclarés bien aises de les rencontrer pour les
bien frotter, parce qu'ils estoient cause que le vin
enchérissoit, parce qu'ils le faisoient vendre en gros. »
Une députation de conseillers est envoyée à M. de
Rieucla, gouverneur du château, qui promet que des
excuses seront faites ; à leur sortie de la forteresse, un
soldat du nom de Sans-Souci se moque d'eux. Le lendemain, le gouverneur refuse de descendre à l'abbaye
de Saint-Volusien pour faire l'enquête ; non seulement
le soldat qui s'est montré inconvenant n'est pas puni,
mais on ne l'empêche pas de sortir par la ville, armé
d'un gros bâton, cherchant, pour l'excéder derechef,
l'une de ses victimes de l'avant-veille. On a beau porter
connaissance de ces faits à l'Intendant de Montauban,
les exactions et les insolences suivent leur cours habi-
tuel. C'est pire encore quand passent des gens de guerre.
Un jour, un capitaine de Chevau-légers insulte le premier consul, lors d'une réquisition de foin et d'avoine,
déclare qu'il a traité les Fuxéens « en honnestes gens, »
que désormais il les traitera en coquins « comme ils
estoient tous. » Cité devant le gouverneur, l'officier
exprime le regret de n'avoir pas usé du bâton[1].

Les reprises successives des hostilités avec l'Espagne
faisaient remettre Foix sur le pied de guerre. Les pro-
visions accordées à M. de Gères, en remplacement de
Rieucla comme lieutenant de la forteresse, portent que
le château est une place utile au service du roi et du
pays[2]. En 1672, le roi nomme comme gouverneur de
la province le marquis Jean-Roger II de Foix-Rabat.
Quand il fit son entrée solennelle à Foix, il y fut magni-
fiquement reçu ; quand ce fut le tour de la marquise,
on acheta un quintal de poudre pour les salves à faire
en son honneur[3].

---

1. G. Doublet, *La vie militaire*, pp. 401-402.
2. *Ibid.*, pp. 402-403.
3. *Ibid.*, p. 403.

Alors Rieucla remet le service à son successeur, M. de Gères, qui lui donne décharge des canons, armes et munitions de guerre[1]. On voit, d'après cet état, qu'il y avait au château deux grosses pièces d'artillerie, quatre moyennes en fonte, neuf petites appelées fauconneaux dont quatre rompues, une soixantaine de mousquets, dix-huit hallebardes, des barricots de poudre, des sacs de balles.

S'il en coûtait à la ville de Foix d'avoir des gens de guerre, soit de passage, soit en permanence, la province n'était pas non plus exempte de charges du même genre. Chaque année, les Etats du pays étaient tenus d'inscrire à leur budget une somme de 1,000 livres pour l'entretien de la forteresse. En 1667, une partie du crédit servit à rembourser M. de la Fleurièque, qui avait avancé l'argent nécessaire à la pose d'une couverture sur la tour ronde, en remplacement de celle détruite par la foudre ; il lui fut alloué trente louis d'or à onze livres pièce.

Le vote de cette subvention, ainsi que nous l'avons vu, apparaît pour la première fois en 1626. Le crédit était obligatoire en vertu de lettres patentes signées à Blois le 26 juin de cette année[2], et depuis il avait toujours figuré parmi les dépenses. Les représentants du pays trouvaient l'imposition vexatoire et onéreuse, et lorsque l'occasion se présentait, ils ne manquaient pas de faire entendre une protestation. Le gouvernement refusait de prêter l'oreille à de semblables réclamations.

La présidence des États du Comté était de droit dévolue à l'évêque de Pamiers. La résistance à l'autorité royale n'effrayait pas Caulet, s'il croyait que son devoir était de

---

1. *Bulletin de la Société Ariégeoise*, t, IV, p. 153. D'après une communication de M. le chanoine Pottier, président de la Société Archéologique de Tarn-et-Garonne.

2. Voir plus haut, p. 58. « Sa Majesté veut et ordonne estre faict fonds de la somme de 1,000 livres par an pour estre employée aux réparations dudit chasteau. »

ne pas transiger. En ce qui concerne le vote des 1,000 livres, l'évêque prend fait et cause pour ses diocésains, dont il veut ménager les ressources ; le gouverneur du Comté, le marquis de Foix-Rabat, soutient au contraire la décision de la cour. Maintiendra-t-on le crédit demandé pour le château ou bien les tours seront-elles délaissées? La question est traitée à la session de janvier 1674[1]. On est encore en pleine guerre avec l'Espagne ; le moment, observe le gouverneur, est mal choisi pour s'opposer aux ordres de Sa Majesté. Le château, d'après Caulet[2], n'est d'aucune nécessité pour la défense du pays. L'évêque entre à ce propos dans des considérations stratégiques et rappelle que jadis on avait formé le projet de le démolir, « car, s'il a esté quelquefois la terreur des meschans, il a esté souvent leur asile[3]. » L'assemblée donne raison à son président et, sous forme de vœu, supplie le roi de ne plus faire supporter à la province les frais qu'entraîne l'entretien d'une forteresse devenue inutile.

Le gouverneur ne tarde pas à prendre sa revanche; à la session suivante, au mois d'août, il annonce que la proposition n'est pas accueillie ; il fait connaître de quelle importance Sa Majesté trouve le château de Foix « pour la conservation de tout le pays et le besoin qu'il a en cette occasion de le tenir en bon état de réparation[4]. » Le vote des 1,000 livres ne passe pas cependant sans hésitation et provoque de nouveau des conflits entre l'évêque et le marquis de Rabat[5]; les procédés de ce dernier avaient soulevé des mécontentements et des froissements dans la région et même au sein de l'assemblée. Les 1,000 livres sont accordées, et, aux sessions suivantes, on ne

1. G. Doublet, *Bulletin de la Société Ariégeoise*, « La vie militaire à Foix, » t. IV, p. 401.

2. *Ibid.*, pp. 404-405.

3. *Ibid.*, p. 405.

4. *Ibid.*, pp. 405-406.

5. *Ibid.*, pp. 407 et 412.

rencontre plus trace d'opposition à ce sujet. L'évêque
finit par triompher de son adversaire. En 1675, il se
rendit à Paris et obtint la déposition du gouverneur, qui
fut envoyé à Sisteron, malgré l'énergie dont il avait fait
preuve pour assurer la défense du pays et revendiquer
les droits de la Couronne.

Au XVIIᵉ siècle, les habitants du Comté de Foix furent
obligés, en deux circonstances, de faire un dénombrement au roi. Communes et particuliers étaient tenus de
venir déclarer ce qu'ils possédaient et de reconnaître
quel était le domaine de Sa Majesté.

Le premier dénombrement eut lieu, en juillet 1612,
devant les trésoriers de France, au bureau des Finances
à Toulouse[1]. Les consuls de Foix, au nom de leurs con-
citoyens, exposent que dans cette ville se trouve « un
beau et grand chasteau assis sur un rocher, qui appartient entièrement à Sa Majesté, où il y a un capitaine
pour y commander avec certain nombre de soldats, qui
sont soudoyés des deniers de Sa Majesté des mains de
son trésorier et domaine de Foix ; auquel chasteau y a
prisons pour la garde des prisonniers civils et criminels.»

Les Fuxéens, prisonniers pour dettes, avaient un pri-
vilège : c'était d'être conduits dans le château de Foix et
non dans d'autres prisons ; il leur était permis de se
nourrir, sans que le capitaine ou geôlier les puisse contraindre à prendre de ses vivres, et ils ne payaient que le
droit accoutumé de geôle, entrée et sortie.

En 1672, nouveau dénombrement que les consuls
viennent faire devant les commissaires royaux, et presque dans les mêmes termes que précédemment. « Il y a
à Foix, disent-ils, un château très fort dans lequel le roi
tient une garnison et un gouverneur. Les prisons sont
dans le château qui appartient à Sa Majesté et où il y a
une garnison payée par le roi ; les émoluments des

---

1. G. Doublet, *Bulletin de la Société Ariégeoise*, t. VII. Foix sous Louis XIII,
pp. 381, 382, 383.

prisons sont au concierge, qui est établi par le gouverneur[1].

Ainsi que le fait justement remarquer M. Doublet, ces déclarations où il est question de la force, de la grandeur, de l'importance du château, témoignent de la bonne idée que l'on se faisait du monument. Nous avons vu qu'au Moyen-Age l'opinion était la même ; la forteresse, du reste, avait bien gagné sa réputation en résistant aux efforts réitérés de Simon de Montfort et en ne capitulant que devant le roi de France. La tradition ne s'est pas complètement perdue ; on en trouve sans doute un écho dans cette comparaison proverbiale usitée dans toute la région pour désigner quelqu'un ou quelque chose de robuste : *soulide coumo le roc de Fouix*.

Si le château conserve encore son prestige officiel, il ne joue plus aucun rôle politique, il n'est même plus considéré comme une valeur stratégique. Pendant la longue guerre de la succession d'Espagne, on ne prend même pas la précaution d'en faire, comme précédemment, une place de résistance en cas d'invasion.

L'édifice devait présenter l'aspect d'une construction plus propre à recevoir les gens de guerre que les personnages de distinction. Plusieurs faits caractéristiques montrent dans quel état d'abandon il se trouvait. Quand arrive quelque seigneur d'importance, grand embarras pour ceux à qui incombe le soin de le loger. En 1674, la ville accorde une indemnité de 200 livres au particulier qui avait prêté sa maison au gouverneur pendant quelque temps, jusqu'à ce que le logis du château ait été réparé et mis en état logeable[2]. En 1680, on vote 11 livres destinées à l'achat d'une corde pour la

1. Barrière-Flavy, *Dénombrement du Comté de Foix*,Toulouse, Chauvin, 1889, p. 55.
2. G. Doublet. *Avenir de l'Ariège*, 21 avril 1897, Budget de Foix sous Louis XIV.

cloche qui se trouve dans la tour ronde du château.

En 1703[1], le marquis de Ségur, nommé gouverneur en remplacement du marquis de Mirepoix, fait son entrée solennelle avec le cérémonial accoutumé. Le château n'est garni que d'un mobilier insuffisant ; aussi est-on obligé d'emprunter des lits et du linge. En 1712[2], même situation ; lorsque l'intendant annonce son arrivée prochaine, le major Dufour s'adresse aux consuls et leur demande de vouloir bien lui prêter « du linge, de la vaisselle d'étain et autres choses dont il a besoin pour ledit sieur intendant, qui va venir loger deux ou trois jours au château. »

1. G. Doublet, *Incidents de la vie municipale à Foix sous Louis XIV*, Foix, Gadrat, 1895, p. 36.

2. *Ibid.*, p. 38.

CHAPITRE VIII

Le Château de Foix sous Louis XV et Louis XVI. — Protestants prisonniers. — Aumônerie. — Classement des archives dans la Tour ronde.

En 1717, la vallée de la Barguillère est en proie à une certaine agitation ; les habitants des villages du Bosc et de Serres se livrent à des excès de toute nature ; ils ravagent les terres de leur voisin, le marquis de Valence, seigneur d'Esplas-de-Sérou ; ils se réunissent en armes, commettent des meurtres et des vols. L'intendant de Perpignan se rend à Foix et ordonne aussitôt que toutes les armes seront retirées à la population de ces villages et transportées au château pour être mises sous la garde du major Dufour. La mesure fut si bien exécutée que, huit ans plus tard, les malheureux paysans ne pouvaient plus se défendre contre les loups, ours et sangliers qui infestaient la contrée ; aussi adressèrent-ils une requête au gouverneur pour avoir la restitution de leurs armes [1].

Pendant tout le règne de Louis XV, l'existence est assez calme, même monotone dans la capitale du Comté. Il y a toujours dans le château une garnison, qui devait être encore assez nombreuse, si on en juge d'après certaines mesures prises par l'intendant de la province. En 1720, il donne ordre de faire mettre en état deux moulins à bras établis dans le château [2]. En 1742, deux cents fusils

---

1. Le dossier de cette affaire est aux archives départementales de l'Ariège, série E, Le Bosc. Les pièces principales ont été publiées avec une préface dans le t. V du *Bulletin de la Société Ariégeoise*, pp. 217-221.

2. *Archives des Pyrénées-Orientales*, Inventaire C 743, p. 94.

de nouveau calibre sont extraits de la citadelle de Perpignan et envoyés à Foix[1].

La troupe semble vivre en bonne harmonie avec les bourgeois. On est en paix avec l'Espagne ; il n'y a plus de gens de guerre à entretenir, plus de réparations à faire aux murailles de la ville qui menacent ruine de tous côtés, plus d'alerte pour troubler l'existence paisible des citadins. Si on ne songe plus à démolir la forteresse, on éprouve le besoin de la transformer, de l'approprier aux goûts modernes. En 1727, les vieilles constructions qui longent l'Arget sont abattues pour faire place au monument servant aujourd'hui de palais de justice[2].

En 1770, le marquis de Bonnac, commandant militaire de la province, veut célébrer par une grande fête le mariage du Dauphin avec l'archiduchesse Marie-Antoinette d'Autriche. Enfant du pays, connaissant les goûts chorégraphiques de la bonne ville de Foix, il offre un bal masqué dans la grande salle du château[3]. Le marquis veut que tout le monde prenne part à la fête ; il désire que la ville manifeste son contentement ; les particuliers sont engagés à illuminer leurs maisons, la garde bourgeoise est invitée à prendre les armes ; on s'occupe de rassembler le plus grand nombre possible de joueurs d'instruments[4].

En 1784, le fils de ce seigneur, revêtu lui aussi de la même fonction, mande aux officiers municipaux de meubler le château à l'occasion de la session des États provinciaux ; de ce chef, la ville eut à supporter une forte dépense. Semblable charge, qui se reproduisait périodi-

---

1. *Archives des Pyrénées-Orientales*, Inventaire C 9?, p. 12.

2. G. Doublet, *Épisodes de la vie municipale à Foix sous Louis XIV.* Foix, Gadrat 1895, p. 42.

3. Cette salle devait se trouver dans le bâtiment servant actuellement de palais de justice.

4. G. Doublet : *La vie municipale à Foix sous Louis XV*, p. 43.

quement, finissait par devenir onéreuse et donnait lieu à de vives réclamations ; aussi les Fuxéens souhaitaient-ils la suppression des États comme un soulagement[1].

Le château n'était pas seulement destiné à demeurer place forte ou résidence d'honneur, c'était aussi une prison. Nous avons énuméré quels hôtes, et non des moins illustres, furent successivement incarcérés dans les tours comtales. En 1334[2], c'est Jeanne d'Artois, comtesse de Foix ; en 1358[3], ce sont les consuls de Foix ; en 1362[4] c'est le tour des vaincus de Launac, les comtes d'Armagnac, d'Albret et de Comminges et de leurs compagnons ; en 1380[5] des chefs de routiers y meurent ; en 1416[6], le cardinal schismatique Jean Carier y éprouve le même sort ; en 1443[7], Gaston IV y relègue sa tante Marguerite de Comminges ; en 1444[8], le même comte, après avoir saisi les biens de son trésorier Jean Traversier pour un reliquat de comptes de 2421 florins, l'y fait enfermer ; deux ans après, ayant pitié d'un vieux serviteur de son père, il le relâche et lui accorde la levée du séquestre sur ses biens. En 1535[9], les tours reçoivent plusieurs nobles de Varilhes, accusés d'avoir tué le syndic de la ville ; en 1635[10], Lapasse, gouverneur de Foix, y fait conduire du Ferrier, juge-mage de la sénéchaussée.

Pendant le XVIIIe siècle, le château continue de servir de prison d'État. Parmi les détenus, on en compte plusieurs appartenant à de bonnes familles du Languedoc

1. Archives des Pyrénées-Orientales, série C. *Intendance*, Inventaire C, 464, p. 60.
2. Voir plus haut p. 28.
3. P. 30.
4. P. 31.
5. P. 34.
6. P. 36.
7. P. 37.
8. *Chroniques romanes des comtes de Foix*, p. VIII.
9. P. 39.
10. P. 55.

qu'on voulait punir d'incartades et de méfaits graves.
Ce n'était pas à la suite d'un jugement régulier qu'ils
étaient enfermés, mais en vertu d'une simple lettre de
cachet délivrée, au nom du roi, par un secrétaire d'Etat.
Le procédé était arbitraire, odieux ; mais il ne faut pas
toujours considérer ceux qui étaient frappés comme des
victimes de la tyrannie et dignes de quelque intérêt.
Ainsi un gentilhomme languedocien avait été condamné
aux galères perpétuelles pour un crime de droit commun ; le roi lui fit grâce de cette peine et, par une lettre
de cachet, ordonna de l'interner au château de Foix pour
le reste de ses jours.

Les cachots des tours rappellent aussi les troubles
survenus dans le Comté de Foix sous le règne de
Louis XV pour fait de religion. Depuis la révocation de
l'Edit de Nantes, le culte réformé était interdit sous les
peines les plus sévères ; les infractions aux ordres des
intendants donnaient lieu à des poursuites contre les
délinquants.

C'était surtout dans la région du Mas-d'Azil qu'avaient
lieu les assemblées illicites des Protestants ; le pays était
soumis à une surveillance incessante dont la conséquence était d'occasionner des arrestations. Le 22
juin 1735, des instructions sont adressées de Perpignan
à Debets, brigadier de la maréchaussée, commandant le
détachement du Mas-d'Azil ; on lui recommande, en cas
où il découvrirait quelque assemblée illicite de Protestants, de faire arrêter et conduire les principaux à la
tour ronde de Foix [1]

Le 28 novembre suivant, ordre est donné au sieur
Dalomont, lieutenant de la maréchaussée du pays de
Foix, de s'emparer du nommé Nenau, chirurgien du
Mas-d'Azil et de le conduire aux prisons du château de
Foix [2].

---

1. *Archives départementales de l'Ariège*, série C. Intendance ; Religionnaires.
Portefeuille. (*Communication de M. Roger*).
2. *Ibid.*

Des Protestants sont accusés d'avoir tenu une réunion illicite dans la nuit du 2 au 3 novembre 1748. Les deux frères Etienne et Paul Laborde, Pierre-Paul Mercié, François Fargues, Jean-Pierre Boubila, Jean Lafont dit Rey, et François Lafont, sont arrêtés et conduits devant Siret, le subdélégué de la province de Foix ; le 17 novembre, ils subissent un interrogatoire et sont enfermés dans la tour ronde. Au commencement de l'année 1749, ils en sont extraits et expédiés à Perpignan, où ils arrivent sans encombre par un temps affreux. Les frais de translation s'élevèrent à 1139 livres, 19 sous, 6 deniers ; c'était un capitaine aide-major de la milice bourgeoise de la province qui avait mené le convoi avec une brigade de maréchaussée[1]. Du Castillet de Perpignan, les malheureux furent dirigés sur le bagne de Toulon.

Dans le courant du XVIIIe siècle, l'organisation de l'aumônerie du château donna lieu à des critiques très justifiées. On constatait qu'elle n'avait plus d'autre objet que de procurer un supplément de revenus à des bénéficiers déjà pourvus par ailleurs. On ne tenait pas à la supprimer, on désirait seulement employer les titulaires à la régence des écoles municipales. La question fut soulevée, au mois d'octobre 1739, par l'envoi d'un mémoire au gouverneur de la province, le comte de Ségur. Au cours de leur requête, les auteurs révèlent certains traits de mœurs susceptibles de faire connaître la situation.

A la fin du XIe siècle[2], le comte Roger institua, au château de Foix, deux aumôniers pour y desservir les deux chapelles[3] ; des rentes furent constituées en vue d'assurer la dotation nécessaire à l'entretien perpétuel

---

1. *Ibid.* O. de Grenier-Fajal : *Correspondance des deux frères Laborde, forçats du Mas-d'Azil pour la foi au bagne de Toulon.* Montauban, Forestié, 1883, in-8°.

2. Lacoudre, vie de saint Volusien, p. 40.

3. En ce qui concerne les chapelles du château de Foix, voir plus loin la description archéologique.

de deux prêtres. En 1739, la fondation existait encore ;
deux chapelains devaient, en principe, célébrer chaque
jour la messe au château, fournir les ornements et supporter les frais du culte. A titre de rémunération, chacun
percevait annuellement 250 livres. Depuis le XI⁰ siècle,
la valeur de l'argent avait baissé ; la somme qui, six
cents ans auparavant, permettait aux bénéficiers de
tenir à Foix un rang en rapport avec leur position, était
insuffisante, sous le règne de Louis XV, même pour
donner à leurs successeurs le moyen de subsister et de
satisfaire aux charges imposées. Par suite, les titulaires
de l'office étaient obligés d'aller chercher fortune ailleurs,
laissant à d'autres le soin de les remplacer à la chapelle
et de se tirer d'affaires comme ils pourraient. Aussi plus
d'offices quotidiens ; le service était restreint aux dimanches et aux fêtes, encore d'une façon irrégulière ; la
tenue des sanctuaires laissait à désirer. L'un des titulaires n'était pas venu depuis trente ans, retenu à Carcassonne par ses fonctions de curé de la cathédrale ;
l'autre était curé dans le diocèse de Couserans. En de
semblables conditions, le but de la fondation était méconnu.

Quelques habitants de Foix tenaient cependant à
entendre la messe dans la chapelle du château ; d'autres,
à la même époque, se préoccupaient de faire prospérer
les écoles et de placer des hommes capables à la tête
des deux régences. Le traitement de chaque maître était
fixé à 200 livres ; avec des ressources aussi modiques
il était difficile d'attirer et de retenir de bons régents,
qui, le plus souvent, étaient choisis de préférence parmi
les membres du clergé. Des gens avisés, prévoyant que
les chapelains du château, par suite de leur grand âge,
allaient disparaître prochainement, proposèrent de réunir les aumôneries aux régences. C'était une combi-
naison qui donnait la facilité d'assurer le fonctionne-
ment régulier de deux services en attribuant aux

titulaires une rémunération convenable. Dans le dessein d'arriver à un résultat pratique, les auteurs du projet jugèrent à propos d'en saisir le gouverneur du pays, le comte de Ségur ; tel est l'objet de la requête qu'ils lui adressèrent, en le priant de vouloir bien intervenir auprès du ministre pour obtenir la fusion des aumôneries et des régences au profit des mêmes fonctionnaires.

Quelle suite fut donnée à cette proposition ? le ministre en fut-il saisi ? on peut supposer qu'on ne donna aucune attention à la demande, puisque, à la veille de la Révolution, on trouve encore au château deux chapelains qui, en ville, n'exerçaient pas les fonctions de régents[1].

Quelques années après, une autre question préoccupa l'administration et, grâce au concours de l'Intendant et des États du pays, reçut la solution attendue depuis longtemps.

Conformément à l'édit de Louis XIII en date du 26 juin 1626[2], malgré les protestations élevées sous Louis XIV, un crédit de 1000 livres continuait d'être inscrit chaque année au budget de la province pour l'entretien du château de Foix. Cette somme suffisait largement aux réparations.

En 1751, le ministre annonce que, suivant l'intention de Sa Majesté, le crédit de 1000 livres serait pendant plusieurs années divisé en deux parts : 200 livres seulement seraient affectées aux besoins du château et 800 seraient mises de côté, de manière à former un fonds de réserve destiné au classement des archives. Durant sept années, on fait l'économie prescrite et on amasse 5600 livres. En 1759, le ministre, le comte de Saint-Florentin, voulant en revenir aux anciens errements, demande aux États de voter 1000 livres pour le château

---

1. *Bulletin de la Société Ariégeoise*, t. VI pp. 198-200. L'aumônerie du château et la régence des écoles de Foix, projet de fusion en 1739. Cette étude est tirée de documents appartenant à la famille Vasilière de Pamiers.

2. P. 58.

et 100 pour les archives. Devant cette exigence l'assemblée proteste, elle représente au Roi que la somme consacrée aux archives est suffisante ; il était donc inutile de faire supporter un accroissement de charges à la province. Le ministre tient compte de la réclamation et n'insiste pas pour avoir un crédit supplémentaire ; les 1000 livres reviennent entièrement au château, et l'on se contente pour les archives de ce qu'on avait su épargner[1]. On ne tarde pas à se mettre à l'œuvre.

Dès le XVᵉ siècle, nous trouvons les archives installées à la tour ronde du château. Le premier inventaire en fut rédigé par Bertrand d'Auger, curé de Saint-Martin-de-Bonnut de 1403 à 1429. En 1446, Michel du Bernis et Arnaud Esquerrier, l'un notaire, l'autre procureur de Gaston IV, sont chargés d'y aller chercher les titres établissant que ce n'est pas chose nouvelle si les comtes de Foix s'intitulent comte « par la grâce de Dieu. » Il s'agissait de répondre victorieusement au roi de France qui leur contestait ce droit[2]. En 1450, Michel du Bernis retourne seul au château pour dresser l'inventaire des titres conservés dans « *los caixos de la Tor Redonda*[3]. »

Les archives traversèrent sans encombre les guerres de Religion et restèrent dans la tour ronde, au dernier étage. En 1667[4], la foudre tomba sur l'édifice. Nous avons vu plus haut que le lieutenant du gouverneur fit les avances nécessaires à la réparation qui coûta trente louis d'or de onze livres pièce[5]. Ce ne fut même pas sans peine qu'il obtint le remboursement de ses frais. Le 15 mars 1727, Mathieu Février, charpentier de Foix,

---

1. *Bulletin de la Société Ariégeoise*, t. VI, pp. 201-205. Crédit pour le classement des archives au château de Foix (1759).

2. Courteault, *Annales du Midi*, « Un archiviste des comtes de Foix au quinzième siècle. » Juillet 1894, pp. 283 et 297.

3. *Bulletin de la Société Ariégeoise*, t. III, p. 118.

4. G. Doublet, « La vie militaire à Foix. » *Bulletin*, t. IV, p. 402.

5. Voir plus haut, p. 68.

répara quatre cannes du couvert de la toiture, ainsi que les cheminées de la tour ronde[1].

Si l'on prenait des précautions pour assurer la conservation des collections, on ne s'inquiétait guère de procéder à leur classement. L'importance du dépôt n'était cependant pas contestable, même au point de vue politique. Après la conclusion de la paix des Pyrénées, Colbert fit transporter à Paris plusieurs caisses de titres, pour permettre aux agents du roi de revendiquer en Catalogne des fiefs ayant appartenu à la maison de Foix[2]. Les copistes du président Doat transcrivirent les documents, dont les originaux ne présentaient pas le même intérêt et qu'on pouvait laisser en province.

En 1722, le désordre étant à son comble, l'intendant juge à propos d'intervenir : « Il est honteux, écrit-il à son subdélégué, que le juge mage et les officiers, chargés du soin d'un dépôt aussi riche et aussi précieux, le négligent comme ils font et laissent les actes dans la confusion et dans le désordre où ils se trouvent[3]. » En conséquence, il prescrit d'en faire le récolement et l'inventaire, dont la dépense devra être supportée par les Etats. Les ordres de l'Intendant reçurent-ils un commencement d'exécution? Nous l'ignorons.

Plus tard on reconnut la nécessité d'entreprendre le travail sur de nouvelles bases ; dans ce but on résolut de se procurer les ressources en recourant aux moyens que nous venons d'indiquer. Le 8 mars 1760, intervient un mandement du roi prescrivant de faire l'inventaire du dépôt. L'opération est confiée à Sandral, greffier du Parlement de Toulouse, sous la surveillance de Siret, major du château, et d'un syndic des États. Depuis 1752,

1. Registre du notaire Dumas 1723-1727 f°s 456-457. (*Communication de M. Roger*).

2. Les layettes des titres enlevés de Foix se trouvent maintenant à Paris, aux Archives nationales, dans le trésor des chartes, série J.

3. Archives des Pyrénées-Orientales, C. 744, p. 95.

les clefs des archives étaient entre les mains de Faure
de Fiches, juge mage, président du Présidial de Pamiers,
et de Charly, procureur du roi au même siège. Pour la
circonstance, ordre leur est donné de s'en dessaisir;
le 14 mai 1760, le major Siret, Jean-Joseph Faure, syndic des États, et le paléographe Sandral se rendent au
château et montent à une chambre de la tour ronde que
fermaient deux serrures, dont l'une à cadenas. Les titres
étaient dans une armoire à trois clefs. Quand elle fut
ouverte, Sandral est invité à entrer en fonctions. Aux
termes du mandement royal, il doit vaquer deux séances
par jour, excepté les dimanches et grandes fêtes[1], jusqu'à la perfection de l'ouvrage qui consiste : « 1º à faire
la vérification de tous les actes, titres et papiers qui se
trouveront dans les archives, en rapportant succinc-
tement la substance, qui sera couchée sur chaque pièce
ainsi que dans l'inventaire ; 2º à arranger les dits actes
et papiers suivant la nature des droits de la Couronne,
auxquels ils auront quelque rapport, et les lieux et pays
auxquels ils répondront ; 3º à en faire un inventaire
général où la substance de chaque acte sera rapporté
avec sa date et un numéro. » Le 28 mai 1761, le travail
était terminé et les commissaires signaient, avec Sandral,
le procès-verbal de clôture et d'authenticité[2].

Survient la Révolution ; c'était bien du passé qu'il
s'agissait alors. L'agrandissement de la prison est nécessaire ; l'armoire contenant les vieux parchemins est
transportée dans l'abbaye de Saint-Volusien, devenue
le siège de l'administration départementale. Les documents n'étaient pas plus à l'abri de la destruction que
les institutions dont ils émanaient. Le décret de la
Convention ordonnant la suppression des titres féodaux
fut appliqué à Foix ; on trouve, sur un registre d'inven-

---

1. Chaque vacation était de trois heures.

2. Ces détails sont tirés des pièces placées en tête de l'inventaire rédigé par
Sandral. *Archives de l'Ariège.*

taire, la mention que des chartes ont été brûlées[1]. Epu-
rées, décimées, les collections, qui avaient eu la chance
d'échapper à tant de causes de ruines, ont péri dans
l'incendie qui ravagea la préfecture au mois de
septembre 1804[2]. Heureusement, les copies, prises sous
Louis XIV, par les soins du président Doat, sont conservées à la Bibliothèque Nationale.

1. On a conservé deux registres de l'inventaire de Sandral ; l'un in-folio
de 500 pages, l'autre in-4° de 100, qui a trait uniquement aux affaires d'Espagne.

2. Voir sur l'*Incendie de la Préfecture* la notice récente de M. Poux, archiviste du département.

CHAPITRE IX

La Révolution. — L'Empire. — Projet de mise en défense en
1814. — Le château depuis 1815 ; transformation complète en établissement pénitentiaire. — Translation de la
prison. — Restauration du monument.

Jusqu'en 1790, le château conserva un prestige officiel ;
quoique le monument, déchu de son ancienne splendeur,
servit de prison, de caserne, de magasin, il n'en était
pas moins le siège du gouvernement de la province.

Au début de la Révolution, la nouvelle administration
dédaigne l'ancienne résidence des comtes ; les services du
département et de la justice s'installent à l'aise dans les
vastes bâtiments de l'abbaye de saint Volusien, dont les
moines venaient d'être dispersés. Ce n'est qu'après l'incendie de la Préfecture que la partie moderne du château,
élevée au commencement du règne de Louis XV, devient
le palais de justice. Quant aux tours, elles sont exclu-
sivement réservées aux prisonniers. A Foix, l'époque de
la Terreur n'a pas laissé trop de lugubres souvenirs ; on
ne connaît pas les noms des détenus politiques, du
reste, les principaux étaient dirigés sur Toulouse. Sous
l'Empire, aux captifs politiques ou de droit commun on
joint parfois les Espagnols que les circonstances font
tomber au pouvoir des Français.

En 1811, l'Etat, pour faire face aux dépenses toujours
croissantes de la guerre, voulut se décharger de la conservation d'une grande quantité d'édifices, auxquels on
attribuait un caractère d'intérêt plutôt local que natio-
nal. Par voie d'un simple décret, l'Empereur donna aux

départements les préfectures, palais de justice, prisons, et, à ce titre, les chargea de l'entretien de ces immeubles. C'est ainsi que le château des anciens comtes de Foix devint propriété du département de l'Ariège.

Dans une de ses études consacrées à la ville de Foix[1], M. Doublet cherche à prouver que le marquis de Rabat avait raison de demander le maintien du château comme place de guerre, capable de tenir l'ennemi en respect dans le cas d'une invasion par la haute Ariège. Des circonstances, analogues à celles où le pays de Foix se trouvait au milieu du règne de Louis XIV, se sont reproduites au commencement de notre siècle. Les mêmes appréhensions firent recourir aux mêmes moyens de parer aux dangers éventuels.

Vers la fin du Premier Empire, d'abord en octobre 1811, puis en février 1812, les Espagnols franchissent la frontière, brûlent le village de Mérens, rançonnent Ax et poussent leur avant-garde jusqu'à Tarascon[2]. Une invasion plus redoutable était à craindre. On songe à mettre le château en état de défense et à en évacuer les prisonniers ; la demande en est adressée, le 15 février 1814, à Chassepot de Chaplaine, préfet de l'Ariège, par le général Lafitte, chargé de la défense du pays. Le maréchal Soult qui, battant en retraite devant l'armée Anglaise, s'était replié sur Toulouse, approuve les propositions ; des devis sont dressés en conséquence ; 4,500 francs sont même mis à la disposition du maire pour faire face à la première dépense de l'approvisionnement. Sur ces entrefaites Napoléon était déchu du trône, la paix rendait inutile la continuation des travaux[3]. Cet essai, tenté pour faire

---

1. G. Doublet, *Bulletin de la Société Ariégeoise*. « La vie militaire à Foix », t. IV, p. 414. Voir plus haut les discussions entre Caulet et le marquis de Foix-Rabat, au sujet de la conservation du château, pp. 69.

2. *Ibid.*, p. 414. Voir aussi Marcailhou d'Aymeric, *Monographie d'Ax*, Toulouse, 1886.

3. *Ibid.*, p. 415, d'après des documents conservés aux archives départementales de l'Ariège, série R[a].

jouer un rôle à la forteresse des comtes, en l'employant
à la défense nationale, est le dernier fait qui soit digne
d'être mentionné dans l'histoire du monument. Nous
n'avons plus maintenant qu'à enregistrer des actes où
les tendances et les procédés mesquins de la bureaucratie
se sont manifestés.

Sous la Restauration, la prison se trouvant insuffisante,
on avise aux moyens de l'agrandir ; l'administration, sans
préoccupation des souvenirs que rappelle l'édifice et sans
souci de l'aspect architectural, lui enlève, en partie, son
caractère archéologique. Les travaux commencent sous
le règne de Charles X ; grâce à l'impulsion donnée dès le
début, ils sont terminés avant l'avénement de Louis-
Philippe. Pour que la postérité n'oubliât pas l'époque de
la transformation imposée à la demeure de Gaston
Phœbus et connût exactement le nom du préfet à qui on
était redevable de ce chef-d'œuvre, M. de Mortarieu fit
poser, entre les deux tours, une plaque commémorative
en marbre noir portant une pompeuse inscription. Cet
administrateur était pourtant un homme de goût, intelli-
gent. Ami des lettres et des sciences, créateur de la
bibliothèque de Foix, fondateur de la Société des Arts de
l'Ariège, il procurait des fonds pour rechercher et conserver les antiquités du pays. Il n'essaya pas de concilier les exigences du service pénitentiaire avec le respect
dû à un monument qu'il laissa mutiler et désbonorer
par l'architecte.

Avec le romantisme, le goût du Moyen Age venait à la
mode et pénétrait peu à peu jusque dans les provinces ;
c'était une protestation contre les tendances gréco-
romaines en littérature comme en art, un retour aux
traditions nationales. Une voix éloquente, celle de Mon-
talembert, se fit entendre contre les vandalismes dont
les monuments étaient victimes dans le Midi ; le château
de Foix méritait une mention spéciale et l'obtint. Voici
comment s'exprime l'illustre écrivain :

« A Foix, il y a pis que destruction, il y a restauration et même construction. Au milieu d'une noble
vallée, resserrée par de hautes montagnes qui préludent
aux Pyrénées, on voit un rocher isolé que baignent les
ondes rapides de l'Ariège. Au pied de ce rocher, un
charmant édifice du quinzième siècle sert encore de
palais de justice[1]. Sur son sommet s'élevait le château
de ces fameux comtes de Foix, qui luttèrent avec un si
indomptable courage contre les rois de France et
d'Aragon et qui finirent avec ce Gaston, qui eût été le
dernier des chevaliers si Bayard ne lui eût survécu. Il
reste de ce château trois belles tours, à peu près isolées,
d'époques différentes, mais toutes trois antérieures au
quinzième siècle. Elles jouissent d'une célébrité proverbiale dans toutes les contrées environnantes. Eh bien !
on les a masquées, plâtrées, abîmées par un amas de
pierres blanches, en forme de caserne, que l'on a jugé
nécessaire à l'exécution du plan qui a transformé ce
monument en prison. Pour me servir de l'expression des
gens du pays, on a affublé ces vieilles tours d'un bonnet
de coton[2]. »

Cette protestation eut-elle de l'écho à Paris jusque
dans les conseils des administrations centrales? ou bien la
renommée de Gaston Phœbus attira-t-elle l'attention sur
le château dont il était originaire? Peu importe. Dès que
l'on s'occupa de classer les monuments qui, par leurs
souvenirs, leurs caractères archéologiques, leurs formes
architecturales, étaient dignes d'être protégés contre
les destructeurs et aussi contre les restaurateurs,

---

1. Il y a quelques légères erreurs dans cette description. C'est l'Arget, et non
l'Ariège, qui coule au pied du rocher. Le palais de justice, auquel on n'a pas
touché depuis 1727, n'offrait pas sous la Restauration l'aspect d'un édifice féodal. Le dernier représentant mâle de la maison de Foix n'est pas le héros de
Ravenne, qui ne fut pas comte de Foix; il appartenait à une branche collaté-
rale de la famille. Le donjon est du quinzième siècle.

2. Comte de Montalambert, *Le routier des provinces méridionales*, p. 445.
Du vandalisme dans le Midi de la France.

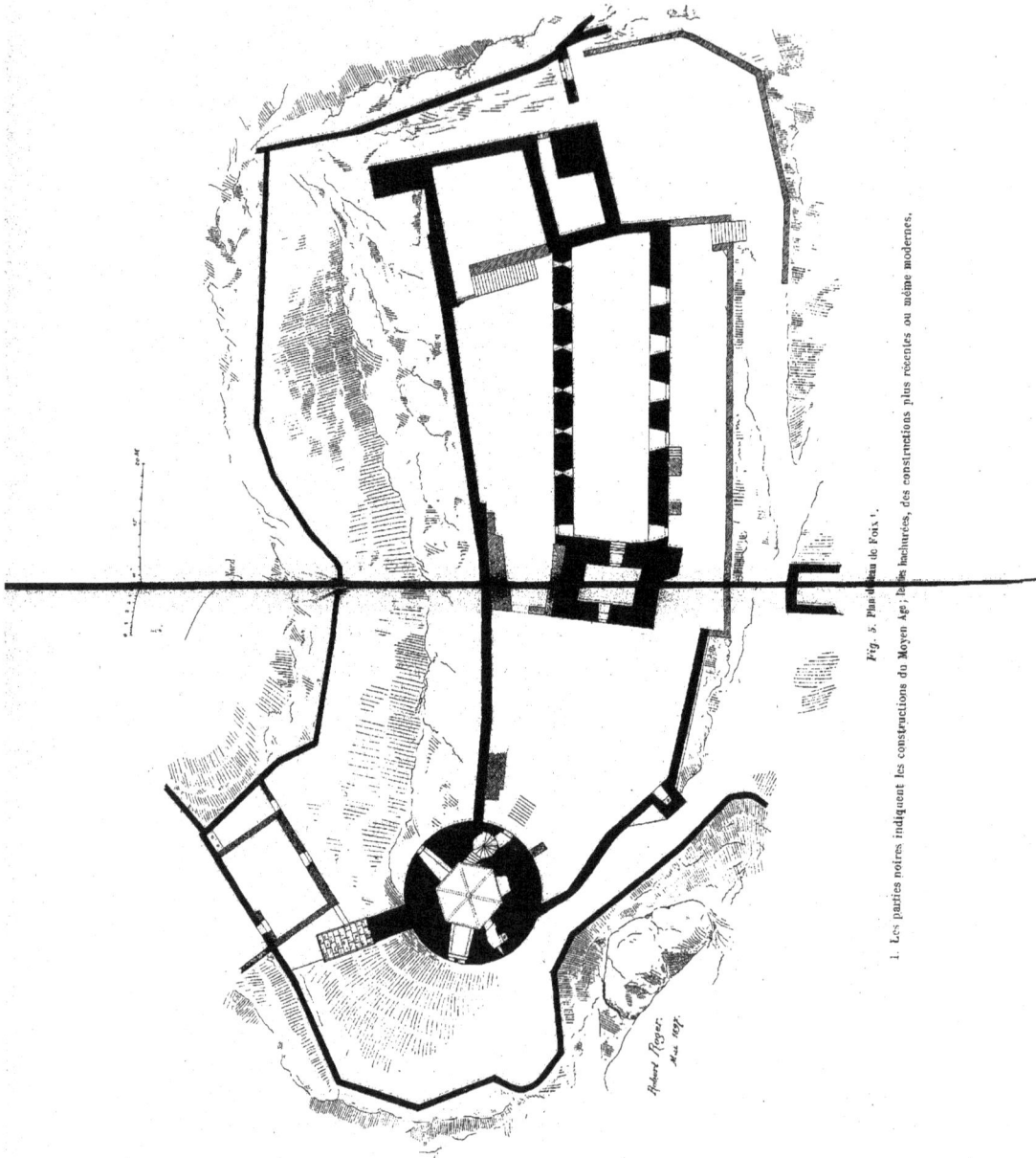

Fig. 5. Plan du château de Foix [1].

1. Les parties noires indiquent les constructions du Moyen Âge ; les hachurées, des constructions plus récentes ou même modernes,

Robert Royer. Mai 1897.

l'édifice fut inscrit sur la liste officielle. Evitant un danger, il allait être exposé à un autre non moins redoutable. Après l'avoir accommodé suivant les besoins du moment et le goût de l'époque, le même architecte, touché sans doute de remords, voulut rendre au château un aspect féodal, tel qu'il le comprenait; il proposa sérieusement la construction de crénaux, d'acrotères et un badigeon à couleur antique[1]. Le ministre, à qui on demandait une subvention pour concourir à cette restitution archaïque, répondit, en mars 1841, que les fonds mis à sa disposition devaient recevoir une affectation plus utile et non pas servir à une décoration purement théâtrale[2].

Sur les crédits départementaux, l'architecte avait plus de facilité pour agir à son gré; il ne manqua pas de donner un spécimen de son savoir-faire. Quand il fallut construire le logement du concierge, au haut de la rampe partant du palais de justice, il éleva en style pseudo-gothique le guichet qui heureusement, de loin, ne fait pas trop mauvais effet dans le paysage. C'est à la même époque que l'on crénela, du côté de la ville, la muraille d'enceinte, afin de donner l'illusion d'un rempart digne d'un château de Walter Scott. Au-dessus de la porte, on accrocha une plaque de zinc sur laquelle étaient badigeonnées, avec plus ou moins de fidélité, les armes des comtes.

Les légendes se plaisent dans les vieux châteaux; elles se meuvent dans le décor qui leur convient. Quand le souvenir des anciennes tend à s'effacer, l'imagination populaire ne tarde pas à en créer de nouvelles. A défaut de fées, de grands seigneurs, de héros, elle prend les personnages qui se présentent. En notre siècle prosaïque, le château n'a eu pour hôtes que des prisonniers, la légende s'en contente.

1. M. Doublet, *Bulletin de la Société Ariégeoise*, t. IV, p. 417.
2. Archives départementales de l'Ariège, Tb., 1-2.

En promenant les étrangers dans la tour ronde, le concierge, arrivé à l'un des derniers étages, ne manquait pas de leur faire observer que là était la chambre des condamnés à mort. De la fenêtre, ils pouvaient apercevoir les préparatifs que faisaient le bourreau et ses aides pour dresser l'échafaud, sur le champ de foire, à côté de la promenade de Villote. Ce triste spectacle était d'autant plus facile à contempler que les exécutions avaient lieu en plein jour. On parvenait ensuite devant une porte massive en chêne portant traces de feu. Quel était l'auteur de l'incendie ? quelle en était la cause ? quelle en était l'époque ? Il aurait été difficile d'entrer dans des détails. Néanmoins, pour donner plus d'intérêt au récit, le gardien attribuait le méfait à Jacques Latour, le trop célèbre assassin de la Bastide-de-Besplas. « Le gredin, disait-il, venait d'être condamné à mort ; il essaya de tenter un suprême effort pour échapper à l'échafaud qui l'attendait. Une belle nuit, il poussa la paille de son lit sous la porte de son cachot et y mit le feu ; il espérait qu'au milieu du désordre provoqué par l'incendie, il pourrait facilement s'échapper ; sa tentative fut inutile. » Il n'y a qu'un inconvénient à cette pathétique narration, c'est que Jacques Latour, guillotiné en septembre 1864, ne partit pas des tours, pour aller au supplice, mais de la nouvelle prison.

Jusqu'en 1862, rien à signaler dans la situation de l'édifice. Ce fut dans le courant de cette année-là que la prison fut transférée hors ville, dans les constructions élevées sur la rive gauche de l'Ariège. Les locaux pénitentiaires servirent provisoirement de dépôt de mendicité qui fut, en 1865, établi à Mirepoix dans l'ancien évêché. A partir de ce moment, le château n'avait plus aucune affectation ; qu'allait-on en faire ? Fallait-il lui trouver une nouvelle destination, le vendre ou le laisser peu à peu dépérir ? Il était nécessaire d'aviser, car un immeuble de cette étendue, avec ses bâtiments, ses jar-

dins et ses autres dépendances, ne pouvait être complètement livré à l'abandon. Un parti fut vite pris par le Conseil
général. Il est à propos de relever un fait tout à l'honneur
de l'assemblée départementale de l'Ariège ; c'est une
preuve de l'intérêt qu'elle n'a cessé de témoigner à la
conservation « d'un monument qui consacre les souvenirs les plus glorieux de l'antique comté », ainsi qu'elle
le proclame dans une délibération du mois d'août 1865[1].
Parfois on rencontre des assemblées électives dédai-
gneuses de tout ce qui rappelle le passé d'une ville ou
d'une province ; pour un un monument, son antiquité le
désigne trop souvent au mépris et à la destruction.
Signalons à la reconnaissance des archéologues l'attitude
du Conseil général qui, par sa persévérance, son initiative, ses sacrifices budgétaires, a sauvé le manoir de
Gaston Phœbus.

Les bourgeois de Foix sous Louis XIII, les réprésen-
tants de la province sous Louis XIV, ne voyant que
les inconvénients du moment, réclamaient le démantèlement de la forteresse et essayaient de refuser les
subsides nécessaires à son entretien. Alors le gouver-
ment était obligé d'intervenir et d'imposer d'office les
crédits. Au dix-neuvième siècle, changement d'attitude ;
le pouvoir central fait la sourde oreille aux requêtes
réitérées du Conseil général de l'Ariège, qui sollicite la
conservation de l'édifice et vote des fonds dans ce but[2].

Dès 1865, on se demande ce que l'on pourra bien faire
du château, auquel on veut laisser le caractère de monument historique ; on en réclame même le classement,
sans se douter que cette formalité a été remplie près de
trente ans auparavant. Il est d'abord question d'affecter
plusieurs salles à l'organisation d'un musée départemental[3]. ; la tentative échoue. Si les touristes étrangers

1. Procès-verbaux du Conseil général de l'Ariège, 1865, session d'août.
2. *Ibid.*, même session.
3. *Ibid.*, même session.

trouvent la force pour affronter, une fois par hasard, le soleil ou la pluie en gravissant les rampes des tours, il n'en serait peut-être pas de même pour les visiteurs obligés de se déplacer, souvent à plusieurs reprises, pour étudier les collections du Musée.

En 1864-1865, des crédits sont votés pour l'entretien du monument ; un concierge est placé dans le guichet de l'ancien geôlier. On s'adresse au Ministère des Beaux-Arts, qui ne s'empresse pas toujours de donner réponse aux communications qu'on lui envoie. Réduit à ses propres forces, le Conseil général ne se tient pas pour battu ; il fait venir de Carcassonne M. Cals, l'architecte qui, sous la direction de Viollet-le-Duc, restaurait les remparts de la Cité. Celui-ci, au lieu de produire un projet en rapport avec les ressources disponibles et les besoins de l'édifice, propose un devis de 250,000 francs[1]. Ce n'était pas une restauration, mais une réédification hypothétique du monument, non pas tel qu'il avait été à une époque quelconque du Moyen Age, mais tel que l'artiste le concevait, sans invoquer le témoignage de miniatures, de sceaux, de dessins montrant avec plus ou moins d'exactitude l'édifice à une période quelconque de son existence. On rêvait pour Foix ce qui a si bien réussi à Pierrefonds, à Carcassonne, avec cette différence que l'on manquait de données à Foix pour justifier une aussi coûteuse entreprise. Le Conseil général fut à bon droit effrayé de ce programme qui, par ses prétentions exagérées, était de nature à décourager les meilleures volontés.

Chaque année, les délibérations de l'assemblée départementale se renouvelaient plus pressantes ; les appels à l'administration des Beaux-Arts étaient plus énergiques. Malgré des réparations de détail et des allocations assez fortes consacrées à la réfection de maçonneries crou-

1. M. Cals est venu à Foix vers 1876.

lantes, le monument prenait l'aspect d'une ruine : la tour du Nord s'effondrait, le donjon menaçait de perdre sa couronne de créneaux. Livrés à leur propre impulsion, les restaurateurs, à qui manquaient les notions les plus élémentaires d'archéologie, ne furent pas toujours bien inspirés dans leurs tentatives. On s'avisa de garnir d'un parement en moellons unis l'une des faces de la tour centrale[1] après en avoir fait arracher le revêtement primitif. Le caractère de l'édifice fut modifié et la solidité en fut compromise ; le crédit étant insuffisant, on laissa heureusement les travaux interrompus.

Enfin, en 1882, M. Paul Bœswilwald, l'architecte qui a remplacé Viollet-le-Duc à la Cité de Carcassonne, fut chargé de préparer un projet de restauration. L'Etat voulut bien tenir compte des sacrifices que s'était imposés le département et de la bonne volonté dont on donnait l'exemple sans jamais se lasser. Le projet fut évalué à 60,000 francs, dont 12,000 furent fournis par le budget de l'Ariège et 48,000 par le Ministère des Beaux-Arts. Préparés par M. Paul Bœswilwald, les travaux ont commencé, en 1887, sous la direction de M. Della Jogna, architecte départemental ; ils restent interrompus depuis 1893.

Après avoir fait connaître les événements dont le château reste le témoin, nous allons essayer de donner une description du monument. Nous tenons à démontrer qu'il ne forme pas seulement un magnifique décor pour le paysage, qu'il mérite de fixer l'attention des archéologues. Notre description sera conforme à l'aspect qu'offre aujourd'hui l'édifice, et nous suivons avec fidélité le plan qui en a été relevé.

---

1. Cette réparation, entreprise vers 1878, a disparu dans les derniers travaux de restauration.

SECONDE PARTIE

DESCRIPTION ARCHÉOLOGIQUE

CHAPITRE I

Entrée moderne du Château. — Tour du Nord.

Le monument a subi trop de transformations pendant le cours des siècles pour qu'il soit facile de déterminer avec exactitude l'œuvre de chaque époque dans les diverses parties. L'appareil n'est pas toujours d'un grand secours pour aider à la solution du problème. Dans le bâtiment central, par exemple, la composition des assises est variable ; la pierre se mêle à la brique, le quartier taillé alterne avec le moellon piqué. Néanmoins, il est possible de reconnaître quatre époques dans la construction du château : le XIe siècle, date probable de la fondation ; le XIIIe, dans la seconde moitié duquel on éleva la barbacane de Fouichet, les ouvrages avancés du côté de l'Arget, une partie de la seconde enceinte et on renforça la tour du Nord ; le XIVe, au milieu duquel eurent lieu les transformations intérieures de la tour du centre ; le XVe, auquel on doit attribuer la tour ronde et le crénelage des deux autres. Quant aux constructions d'époques postérieures, il convient de les signaler mais, au point de vue archéologique, elles sont de peu d'importance.

Nous allons d'abord nous occuper des trois tours, qui constituent la partie principale du château, et nous passerons ensuite à l'examen des ouvrages extérieurs, dont l'étude offre un véritable intérêt sous le rapport stratégique et archéologique.

On parvient actuellement au château par un chemin, dont les rampes se développent au Nord et à l'Est sur les flancs abrupts du rocher ; cette voie d'accès a été établie vers 1825, au moment où on a élevé de nouveaux bâtiments pour le service de l'administration pénitentiaire. Après avoir franchi un guichet de style néo-gothique dans le goût de 1830, le chemin, dont la pente devient de plus en plus raide, débouche sur un plateau de forme ovale, presque uni, et n'offrant de ressauts que sur les bords. Un mur, refait à diverses époques, soutient les terres et forme une première enceinte, sur laquelle s'appuyaient plusieurs constructions indépendantes du corps de place ; il ne reste plus que des substructions qui ne permettent de déterminer ni la nature, ni la date de ces bâtiments[1].

Le monument est orienté du Nord-Ouest au Sud-Est. Sur le grand axe du plateau se dressent deux tours carrées, couronnées de créneaux et de mâchicoulis ; elles sont reliées par un bâtiment à un seul étage supportant une terrasse, que ne déshonorent plus aujourd'hui des constructions parasites. La plus petite tour, dite tour du Nord, est surmontée d'une couverture en ardoises, sur laquelle est planté le beffroi de l'horloge ; la tour du centre, plus massive, est terminée par une plate-forme ; à l'extrémité du plateau, au Midi, s'élance une élégante tour ronde, constituant le donjon.

A quelle époque remonte la construction des deux tours carrées et du bâtiment qui les unit ? Avant de

1. Voir le plan, *fig.* 5, pp. 88-89.

répondre à cette question en recourant aux textes et
aux sceaux, essayons d'extirper quelques légendes ;
semblables aux mauvaises herbes qui se glissent entre
les interstices des vieilles pierres, elles repoussent au
fur et à mesure qu'on les arrache.

Nous avons vu que Delescazes donne au château une
origine des plus anciennes et le fait même remonter aux
Phocéens[1]. Plusieurs auteurs[2], sans aller chercher aussi
loin, ne craignent pas d'attribuer certaines parties de
l'édifice aux temps gallo-romains, wisigothiques ou mé-
rovingiens ; quelques-uns, plus affirmatifs, précisent le
moment de la fondation et la font dater du règne du roi
Dagobert[3]. Sur quels textes, sur quelles traditions se sont
formées ces opinions ? On se garde bien de le dire.
Pas le moindre caractère architectonique ne fournit un
argument sérieux aux auteurs qui prétendent voir les
traces d'une construction rappelant l'époque romaine
ou celle des conquérants barbares.

Les rangées irrégulières de briques, que l'on distingue dans les tours carrées[4], ne sont pas un argument
à l'appui de cette thèse. En effet, la disposition et les
dimensions des matériaux ne rappellent en aucune
façon les procédés des architectes romains ou de leurs
imitateurs. Ces briques ont été placées, suivant les
époques, soit pour réparer les brèches ouvertes en
différentes circonstances, soit pour renforcer ou ex-
hausser les murailles. C'est un souvenir romain sans
doute, mais le travail n'est certainement pas ici
antérieur au XIe siècle. A Saint-Jean-du-Falga[5], dans
un petit château complètement ruiné, qu'à la disposi-

---

1. Voir plus haut, p. 6.
2. Bordes, *Foix, ses tours et son château*, Gadrat aîné, éditeur.
3. Nous ne nous ferions pas l'écho de cette singulière légende, si elle n'avait
pas été reproduite dans les anciennes éditions du *Guide Joanne*.
4. C'est surtout du côté de la terrasse que l'on distingue les réparations faites
avec des briques.
5. Près de la route de Bénagues, vers Pamiers.

tion des ouvertures on peut attribuer au XVIe siècle,
on retrouve la disposition de couches alternatives
de cailloux roulés (même en *opus spicatum)* et de rangs
de briques. Cette manière de construire est, du reste,
encore usitée de nos jours dans tout le pays toulousain.

A s'en rapporter à une autre légende, les fondateurs
de la forteresse ne seraient autres que les Sarrasins. Si
au commencement du huitième siècle, au moment où ils
envahissaient le Midi de la Gaule, les Arabes ont causé
de grandes ruines, il est à supposer qu'ils n'ont guère
songé à édifier des monuments durables et ayant un
style particulier ; leur domination a été trop éphémère.

Sortons de la fantaisie et abordons la question des
origines d'après des données plus certaines.

C'est en 1002, avons-nous dit plus haut[1], qu'apparaît
pour la première fois, dans une charte, le nom du château de Foix ; le comte Bernard de Carcassonne le
mentionne dans son testament. En 1034, il est encore
cité dans une charte concernant un partage entre divers
membres de la famille comtale[2]. Après le dixième siècle,
au moment où la féodalité s'implante plus solidement
sur le sol, où les seigneurs cherchent à se fortifier
dans leur fief pour se soustraire à l'autorité du suzerain
et se protéger contre les attaques des voisins, un système nouveau de défense s'organise dans la région des
Pyrénées centrales. Généralement, la forteresse ne consiste, suivant l'importance de la place, qu'en une ou
deux tours s'élevant sur une hauteur, dont on défend
les abords par un mur d'enceinte continue ; tel est le
plan qui, dès l'origine, aura dû être adopté à Foix.

A quelle époque fut posée la première pierre ? Nous
l'ignorons. Au XIIIe siècle, un bâtiment existait entre les
deux tours. Plusieurs sceaux des comtes, dont le plus

---

1. Voir page 7.

2. *Hist. de Lang.*, t. V, cc, 405-408. N° 201 et *Musée des Archives départementales*, reproduction héliographique du texte et sa transcription.

ancien remonte à 1215 et le plus récent à 1241, représentent, sur un monticule baigné par un ruisseau, un

Fig. 6-7. Sceau et contre-sceau de Roger Bernard II, comte de Foix, 1229.

château composé de deux tours carrées, que réunit un
bâtiment à un seul étage ; des fenêtres cintrées s'ou-

Fig. 8-9. Sceau et contre-sceau de Roger IV, comte de Foix, 1241.

vrent dans les tours ; une plate-forme crénelée règne
sur toutes les parties de la construction[1].

1. Archives nationales. Ces sceaux ont déjà été reproduits dans diverses pu-
blications, notamment dans les *Archives historiques de Gascogne (Sceaux
Gascons)* et dans le *Bulletin de la Société Ariégeoise*, t. II, pp. 277 et 270.

Tel qu'il est reproduit sur les sceaux et d'après l'adap-
tation qu'on peut encore en faire, le château de Foix
serait construit sur le plan des châteaux Pyrénéens du
XIe au XIIIe siècle. Primitivement, il aurait eu deux
donjons, comme Roquefort et Montpezat près Saint-
Martory[1], les tours de Carol ou château de Porta[2].
Le plus grand servait à l'habitation du seigneur, le plus
petit, relativement plus élevé, était plus spécialement
affecté au guet ; quant au bâtiment reliant les tours,
on le réservait à la garnison ou on le transformait en
magasin. La disposition du château de Niort, qui date
de la fin du XIIe siècle[3], offre aussi des analogies avec
nos châteaux du Sud-Ouest.

Dans le pays il est un château, dont on ne peut préciser la date de fondation, mais dont le plan et certaines
modifications postérieures rappellent Foix, c'est le château de Montégut près Varilhes, qui appartenait à la
famille de Durban. Dans sa partie principale il comprenait deux tours carrées, orientées du Nord au Sud et
que reliaient des bâtiments. La tour du Nord, qui est
sûrement du XIVe siècle, avait une voûte en berceau au
rez-de-chaussée et des voûtes sur croisées d'ogives aux
étages comme la tour du centre à Foix. La tour du
Sud, en grande partie rasée et enfouie, avait des planchers aux étages.

A Foix, pendant le cours du Moyen-Age, on a modifié
l'aspect du château. On a touché d'abord aux deux
tours pour les rendre plus habitables et aussi pour
mettre le système de défense en rapport avec les progrès
de l'art militaire.

La tour du Nord se trouvant sans doute trop faible
pour opposer une résistance suffisante aux coups de la

---

1. Haute-Garonne.

2. Pyrénées-Orientales, à la descente du col de Puymorin vers la Cerdagne.

3. Nous devons ces observations et quelques autres notes à M. Anthyme Saint-
Paul ; nous le prions de vouloir bien agréer nos remerciements.

sape, on eut l'idée d'en doubler les murailles. Une baie
cintrée du premier mur, encore distincte à l'intérieur,
fut aveuglée par la maçonnerie du revêtement extérieur ; au-dessus des constructions primitives en appareil régulier, on exhaussa le mur de doublement.
Dans l'épaisseur de la muraille faisant face au Nord-
Ouest est creusé un étroit couloir qui, à chaque extrémité,
débouche actuellement dans le vide ; le visiteur se demande à quoi pouvait servir cette galerie, que l'imagination de guides fantaisistes transforme en un couloir
menant aux oubliettes. C'était une voie de pénétration,
qui continuait à l'intérieur le chemin de ronde et établis-
sait des communications entre les logis flanquant de
chaque côté le pied de cette tour. Sur les substructions
de la seconde enceinte existant encore vers l'Ouest, on
distingue encore la trace du chemin de ronde sortant de la
tour[1]. Ce mur du Nord-Ouest, est beaucoup moins épais
au sommet qu'à la base, quoique le parement extérieur,
sauf un ressaut, soit d'aplomb du faîte au pied ; c'est au
dedans, et par un retrait à chaque étage, que le mur
s'amincit en montant. Quant au chapeau d'ardoises
recouvrant le dernier étage, et dont celui rétabli il y a
quelques années est une exacte reproduction, il ne
remonte pas au delà du XVe siècle et doit être contemporain de la tour ronde. Le campanile, légèrement
posé sur un des rampants du toit, est une œuvre toute
moderne, qui sert d'abri à la sonnerie d'une horloge
sans cadran. Le rez-de-chaussée seul avait une voûte ;
les autres étages, séparés par des planchers, communi-
quaient par des échelles ; on ne pénétrait à l'intérieur
que par la porte de la terrasse. A une époque relativement récente on a percé, dans l'étage inférieur, une porte
ouvrant sur l'extérieur et qui vient d'être murée.

Il y a d'autres exemples de tours ainsi renforcées : à

---

1. Avant les travaux de restauration, les traces en étaient visibles à l'Est.

Montbrun, près Dournazac (Haute-Vienne), le donjon
carré du XII⁰ siècle a été enveloppé dans une tour ronde
au XV⁰ ; à Angoulème, il y avait une tour *prégnante,* qui
en contenait une autre[1].

Près de la tour du Nord, contre la façade septentrionale, on aperçoit une porte ouverte dans un mur
qui, d'un côté, butait sur cette tour et, de l'autre,
s'appuyait sur la première enceinte. La construction
en arc brisé est postérieure à celle des bâtiments
du château ; malgré sa faible épaisseur, ce mur, jeté
transversalement en ce passage, constituait une défense
sérieuse. Dans le cas où les assaillants auraient
réussi à franchir la première enceinte, ils auraient
rencontré cet obstacle empêchant toute circulation
autour de la forteresse. En outre, l'ennemi, engagé dans
un étroit défilé, restait exposé directement aux projectiles lancés par les défenseurs de la tour.

Les travaux de renforcement doivent remonter à la
seconde moitié du XIII⁰ siècle, époque où on a élevé la
barbacane de Fouichet, les ouvrages avancés du côté
de l'Arget, et la seconde enceinte, dont un des fronts
est formé par le mur septentrional de la tour. Nous
donnerons les raisons qui nous portent à croire que ces
diverses parties de la forteresse[2] sont contemporaines
de cette barbacane.

---

1. Communication de M. Anthyme Saint-Paul.
2. Voir plus bas la description de la barbacane et des ouvrages avancés.

CHAPITRE II

Tour du Centre. — Bâtiment central.

La tour du centre se divise en trois étages. Au rez-de-chaussée, une salle obscure devait servir de magasin plutôt que de cachot ; comme dans la tour du Nord, l'on n'y devait pénétrer que par un trou pratiqué dans la partie supérieure de la voûte en berceau. A une époque toute récente, on a ménagé la porte aboutissant à la salle basse du château et la fenêtre ouvrant sur la cour du donjon. Le premier étage est presque de plein pied avec la terrasse du bâtiment central. A ce niveau, dans l'angle Nord-Est, s'élève, en formant légèrement saillie sur le côté, une tourelle de forme carrée. Dans l'intérieur se développe un étroit escalier, précédé d'un palier où débouchent deux portes : l'une devait recevoir l'échelle de bois, aujourd'hui remplacée par un escalier de pierre. C'était le système d'entrée adopté pour les donjons et les corps de logis dans les forteresses du Moyen Age ; en cas de danger, on supprimait l'échelle, et les assaillants se trouvaient placés sous les coups plongeants des défenseurs. La seconde porte donne accès à un étroit couloir qui, à droite, conduit à la terrasse, et à gauche à la salle du premier étage. Cette pièce, éclairée au Sud par une fenêtre carrée, est recouverte d'une voûte, dont les croisées d'ogives retombent sur des culs-de-lampe représentant des têtes grotesques[1]. L'écusson de la clef de voûte est écartelé de Foix et de Béarn.

Au second étage, même disposition, seulement deux

---

1. Deux de ces têtes ont disparu.

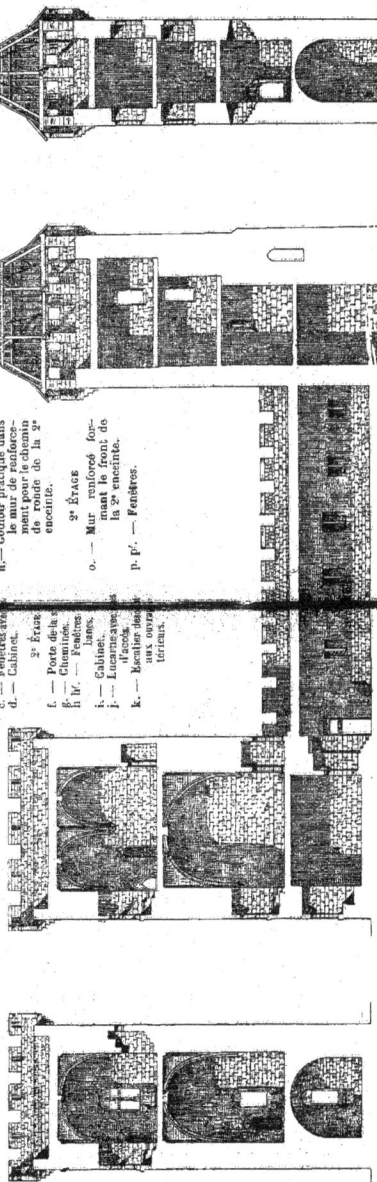

Coupe sur A B
(Plan ci-dessous).

Légende explicative des plans

TOUR DU CENTRE

1er ÉTAGE

a. — Porte de la ...
b. — Porte de la ...
c. — Fenêtres ...
d. — Cabinet.

2e ÉTAGE

f. — Porte de la s...
g. — Cheminées.
h h'. — Fenêtres ...
i. — Cabinet.
j. — Lucarnes avec ...
    d'accès.
k. — Escalier desservant aux ouvertures ...
    térieurs.

TOUR DU NORD

1er ÉTAGE

l. — Porte de la terrasse.
m. m'. — Lucarnes.
n. — Couloir pratiqué dans le mur de renforcement pour le chemin de ronde de la 2e enceinte.

2e ÉTAGE

o. — Mur renforcé formant le front de la 2e enceinte.
p. p'. — Fenêtres.

Fig. 10. COUPE LONGITUDINALE DES DEUX TOURS CARRÉES ET DU BÂTIMENT CENTRAL.

Coupe sur C D
(Plan ci-dessous).

Tour du Nord.

2e Étage.

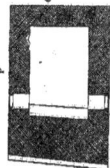

1er Étage.

Robert Hugier.

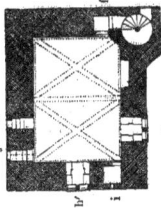

2e Étage.

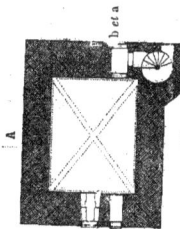

1er Étage.

Tour du Centre.

fenêtres carrées ouvrent l'une à l'Est, l'autre au Sud ;
près de la porte est pratiquée une cheminée sans hotte.
La voûte est divisée en deux travées ; l'arc doubleau
qui les sépare repose à droite, sur un cul-de-lampe formé
par un personnage à grande barbe soutenant avec les
mains les croisées d'ogives des côtés, à gauche, sur un
cul-de-lampe représentant trois têtes accolées. Les clefs
de voûte portent en des écussons quadrilobés des armoiries, qui servent à déterminer l'époque des remaniements opérés dans cette partie de l'édifice. Sur l'un des
écussons se détachent les pals de Foix accolés aux vaches
de Béarn ; sur l'autre sont figurées les quatre otelles ou
amandes de Comminges. L'union des armes de Béarn et de
Foix remonte à l'époque où Roger-Bernard III, héritier de
la maison de Foix, devint, du chef de sa femme Marguerite de Moncade, vicomte de Béarn, lors de la mort
de son beau-père, en 1290. Après Roger-Bernard III,
son fils, Gaston Ier, et son petit-fils, Gaston II, ont gardé
les armes unies de Foix et de Béarn. Si l'on ne tenait
compte que de ces blasons, on ne saurait au juste auquel
de ces trois princes attribuer la transformation de la
tour. L'ornementation des écussons est identique, elle
offre les caractères du XIVe siècle ; il est logique d'admettre qu'ils sont contemporains. Or, le comte Gaston II,
qui régna de 1315 à 1342, épousa Eléonore de Comminges ;
les travaux d'appropriation intérieure remonteraient
donc au règne de ce prince après son mariage avec
Eléonore, ou au plus tard à la régence de cette princesse, tutrice de son fils Gaston-Phœbus, c'est-à-dire
antérieurement à 1350. Par suite des transformations
que le parement extérieur a subies, il est difficile, voire
même impossible, de déterminer ce qui reste des constructions primitives.

Il convient de noter, dans la salle du second étage,
deux particularités qu'explique seule la connaissance
des anciennes dispositions de l'édifice à l'extérieur. Dans

le mur de l'Ouest, s'ouvrent, au niveau du carrelage, deux baies à cintre brisé ; l'une est remplie par
une série de gradins descendant jusqu'à la paroi extérieure du mur, tandis que, dans l'autre, les gradins sont
ascendants et aboutissent à une lucarne. Quelle était la
destination de ces ouvertures plus hautes que larges ?
le problème semble avoir été résolu lors des derniers
travaux de restauration. La lucarne permettait d'observer
la campagne s'étendant au-delà de l'Arget ; le passage,
plongeant aujourd'hui dans le vide, conduisait, par une
échelle, à un logis dont la partie inférieure était voûtée,
ainsi que le prouvent les amorces reposant sur la tour
et sur le mur de la seconde enceinte. C'était une communication directe entre les constructions de défense
extérieure et la tour où, avant la fondation du donjon,
devaient résider les principales autorités.

Dans l'escalier, menant du premier au second étage de
la tour, est percée une baie, disposée au-dessus de celle
où s'appliquait l'échelle d'accès. Dans quel but avait-on
ménagé ce passage, affectant la forme d'une porte et
non d'une fenêtre ? Un tableau, semblant dater du XVIIIe
siècle[1], représente une construction placée sur la terrasse ; elle en couvre à peine le quart de la surface,
le toit en appentis s'appuie sur la tour. Une galerie,
qui part de cette baie, met en communication la tour
avec le logis.

Comment se terminait la tour ? Par une plate-forme
ou par une toiture ? Récemment, on a mis à découvert,
sous le dallage moderne, un fragment de gargouille
représentant, suivant les traditions du Moyen Age, une
tête de monstre[3]. C'est une indication suffisante pour

1. Ce tableau est la propriété de M. le docteur Dresch, président de la
Société Ariégeoise, qui l'a mis obligeamment à notre disposition.

2. Quand on a réparé le revêtement extérieur du mur Nord de la tour du
centre, on a retrouvé les traces du conduit de la cheminée qui desservait ce
logis.

3. Cette gargouille a été reléguée dans la tour du Nord.

admettre que primitivement une toiture en charpente
n'existait pas sur cette surface, à l'exception pourtant
de la tourelle d'escalier qu'il était nécessaire de protéger
contre les intempéries. Comment concilier ce système
avec un document du XVIᵉ siècle où il est question
de la couverture des trois tours ? Nous avons vu[1] que
trois commissaires enquêteurs dans le Comté avaient
requis un maçon, Antoine Maurin, et un charpentier,
Etienne Pollet, pour vérifier quel était l'état des toitures
en question. Les experts rédigèrent un rapport et pré-
sentèrent un devis de restauration qui ne fut pas accepté,
tant les conditions en paraissaient onéreuses ; on chercha
des entrepreneurs à meilleur compte[2]. Du reste, ce
document s'accorde avec le dessin du XVIIᵉ siècle
conservé à la Bibliothèque nationale, où l'on voit les
trois tours coiffées d'un toit aux rampants relevés,
comme le prescrivent les principes de l'architecture
adoptés depuis le milieu du quatorzième siècle[3]. En ce
cas, il y a lieu de supposer que les deux tours carrées,
terminées en terrasse, ainsi que les montrent les sceaux
du XIIIᵉ siècle, auraient reçu, au XVᵉ siècle, peut-être à
l'époque où l'on construisit la tour ronde, une toiture
analogue à celle de leur nouvelle voisine.

Le bâtiment central, reliant les deux tours, n'a jamais
eu qu'un rez-de-chaussée jusqu'au moment où l'administration a jugé à propos, vers 1825, d'y élever un étage
pour agrandir la prison. A l'intérieur et à l'extérieur,
l'édifice fut transformé dans son aspect comme dans ses
dispositions ; la salle fut partagée en plusieurs dortoirs
ouvrant sur un corridor ; au milieu on disposa une chapelle, dont l'autel fut placé dans une abside semi-cir-
culaire débordant sur la façade de l'Ouest.

Quand on a préparé les travaux de restauration, on a

---

1. Voir plus haut, pp. 46-47.
2. Archives des Basses-Pyrénées, B 1171, *Chambre des Comptes*.
3. Voir p. 47, la représentation de cette gravure.

eu recours aux sceaux des comtes de Foix ; l'exactitude
de la figuration sigillographique a été démontrée. Le
tableau du XVIIIᵉ siècle, un autre représentant une fête
célébrée à Foix, en 1815, à l'occasion du retour des Bourbons, plusieurs gravures anciennes[1] ne montrent entre
les deux tours qu'une terrasse à peine chargée de constructions légères. Le devis de transformation, dressé
en 1825, prévoyait l'enlèvement des dalles du pavage ;
on en a découvert, en outre, des fragments, ainsi que
les débris d'un chenal destiné à l'écoulement des eaux
pluviales. Les trous de hourd ont été retrouvés au
moment des démolitions ; il en a été de même pour
les amorces des créneaux taillés directement dans la
surélévation des murs de chaque façade.

La salle ménagée sous la terrasse est voûtée en berceau plein cintre ; elle devait servir de casemate ou de
magasin à la garnison en temps de siège. De chaque côté,
quelques lucarnes plus hautes que larges, ébrasées à
l'intérieur et cintrées au sommet, éclairaient ce triste
local, dont le sol n'a été qu'imparfaitement nivelé. Dans
la façade regardant la ville, l'administration pénitentiaire a fait ouvrir de larges fenêtres carrées, qu'on a
provisoirement conservées avec leurs lourdes grilles. La
voûte, dans la partie supérieure, semble avoir été refaite
à une époque relativement récente, car les retombées
recouvrent en divers endroits les embrasures des lucarnes.

---

1. Il existe une aquarelle faite sous le Premier Empire ou sous la Restauration et représentant une vue du château ; c'est l'œuvre de M. Sipkens, ingénieur-
vérificateur du cadastre dans l'Ariège ; elle était offerte à M. le chevalier
Hennet. Le tableau est actuellement au château de Prat (Ariège) dans la collection de Mme la vicomtesse de Nouailhan.

CHAPITRE III

Tour ronde. — Chapelles.

Malgré la construction d'une barbacane flanquant au
Sud-Ouest le pied du rocher et protégeant un des points
les plus accessibles, un grand espace restait à découvert
entre la première enceinte et le bâtiment principal ; une
fois la barbacane en son pouvoir, l'ennemi ne trouvait
plus devant lui un ouvrage capable de lui opposer une
résistance sérieuse. En outre, si le massif central de la
forteresse venait à être emporté, la garnison n'avait
plus de refuge pour la résistance suprême. Il était
donc nécessaire, surtout vers l'Ouest, d'élever un donjon « par lequel tout le reste d'icellui chasteau demeure
asseuré et assubjetty [1]. » Telle est, ce nous semble, la
cause à laquelle la tour ronde doit sa construction.

Haute d'une trentaine de mètres [2], la tour ronde est
remarquable par l'harmonie de ses proportions et par
son élégance ; fièrement campée à l'extrémité du rocher
qui lui sert de base, elle domine la ville, profilant sa
silhouette sur l'horizon avec sa couronne de créneaux.
Elle se présente de divers côtés sous les aspects les plus
pittoresques, surtout quand le soleil fait ressortir les

---

1. Voir plus haut p. 49 le document de 1584 conservé aux archives des
Basses-Pyrénées, B 2728. *Chambre des Comptes.*

2. Dimensions de la tour ronde :

Hauteur depuis le sol de l'entrée jusqu'au rebord de la plateforme	26m20.
— — du crénelage	27m55.
A l'opposé de la porte d'entrée : rebord de la plateforme	32m25.
— — du crénelage	33m60.
Près du contrefort à la partie la plus basse, par suite, plus grande hauteur de la tour	34m25.
Diamètre (non compris le crénelage)	12m45.

teintes de la pierre, variables suivant les effets de lumière ; elle contribue à donner au paysage Fuxéen un caractère particulier, même un peu théâtral, et que Michelet appelait fantastique[1].

On en attribue à tort la fondation à Gaston Phébus. D'après une ancienne tradition, ce prince aurait pourvu à la dépense en y affectant la rançon à lui payée par les chevaliers du parti d'Armagnac, qu'il avait faits prisonniers à la bataille de Launac en 1362[2]. A notre avis, cette tour n'est pas l'œuvre du plus brillant et du plus célèbre de nos comtes, à qui, non sans raison, on a fait la réputation d'avoir élevé de nombreux et splendides monuments. En aucun cas elle ne peut être l'œuvre de ce prince qui, lorsqu'il construisait un donjon, comme à Mauvesin, à Mont-de-Marsan, à Pau, leur donnait une forme carrée[3].

Si on examine le style de l'édifice, si l'on observe le système de pénétration des nervures, le profil des moulures, l'accolade surmontant la porte du rez-de-chaussée, on a la preuve que c'est une bâtisse, non du XIVe, mais de la première moitié du XVe siècle. Elle existait en 1446, il n'y a aucun doute sur ce point ; il suffit, pour s'en convaincre, de consulter le registre de la Réformation du pays de Foix à cette date. Les consuls déclarent que Monseigneur le comte possède dans la ville, assis sur un rocher, un château où il y a « tres belas tors, la una apres l'autra, où n'a una redonda e doas cayradas[4]. » En outre, une mention, portée sur l'inventaire des titres de la Maison de Foix, relate qu'en 1450 la tour ronde servait déjà d'archives[5]. Dans les comptes municipaux

1. *Histoire de France*, édition Lacroix, 1877, t. II, p. 35.

2. Voir plus haut pp. 31-33.

3. Observation de M. Anthyme Saint-Paul.

4. Archives départementales de l'Ariége, registre de la Réformation de 1446, E, fol. 1.

5. Archives des Basses-Pyrénées, B 392, f° 45.

de Pamiers, M. de Lahondès[1] a relevé une mention
où il est question d'un ouvrier qui à Foix, en 1447,
venait de construire une tour au château. Faute de
renseignements plus précis, on ne peut faire une
supposition au sujet de la tour ronde[2].

Les consoles des mâchicoulis, qui forment quatre
assises en retrait successif l'une sur l'autre, sont semblables dans les trois tours. On aura profité de la
construction du donjon pour refaire, suivant les nouveaux procédés, le crénelage de toute la forteresse. On
en a la preuve dans les marques des tâcherons qui se
retrouvent identiques dans les couronnements des trois
tours.

La tour ronde se divise en cinq étages, composés chacun,
sauf l'étage inférieur, d'une chambre hexagonale voûtée,
ouvrant sur un escalier qui, vers le Nord, déroule ses
spirales dans le massif de la maçonnerie. La voûte est
divisée en six compartiments séparés par des arcs ogifs
qui, après leur réunion avec les formerets, pénètrent
brusquement dans l'angle de la muraille. Chaque chambre est éclairée par une vaste fenêtre, que coupent en croix
deux meneaux ornés de moulures ; un épais grillage,
dont les barreaux entrecroisés forment saillie, protège
les ouvertures. Toutes les fenêtres ne sont pas orientées
dans le même sens et varient de direction à chaque étage,
les unes s'ouvrent vers le Sud, les autres vers l'Ouest.
Dans l'épaisseur de l'embrasure sont taillés des bancs de
pierre ; une vaste cheminée à la hotte aplatie est disposée
de façon à recevoir des troncs d'arbre entiers. Dans un
angle se dissimule une petite porte aboutissant à un
réduit bien aménagé[3], que l'on serait heureux de rencon-

---

1. *Bulletin de la Société Ariégeoise*, t. III, p. 118-119; le texte du document
est reproduit dans le *Bulletin*.

2. D'après M. Anthyme Saint-Paul, la tour aurait pu être construite de 1425
à 1430.

3. Le déversoir se faisait par une ouverture pratiquée au pied de la tour.

trer dans la plupart des maisons modernes de Foix[1].

Deux portes, l'une au-dessus de l'autre, donnent accès dans la tour ronde. La première, au rez-de-chaussée, est surmontée d'un arc en accolade ; la seconde, en plein cintre, garnie de moulures, s'ouvre entre deux étages, à quelques mètres du sol ; une galerie en bois la faisait communiquer de chaque côté avec la seconde enceinte. En cas de surprise, il était facile de détruire la galerie et d'isoler complètement le donjon. C'était un nouveau siège à entreprendre par les assaillants arrêtés devant cette masse de pierres. Les assises inférieures, disposées en talus, étaient à l'épreuve des premiers coups de la sape ; l'élévation des ouvertures rendait impossible toute tentative d'escalade.

La baie de la porte inférieure avait été obstruée et masquée par l'exhaussement du sol de la cour à la suite de circonstances que nous ignorons[2]. L'on n'arrivait à la porte supérieure que par un palier, dont on distingue les traces et supporté par une arche de maçonnerie s'appuyant, à gauche, sur un massif dont la base subsiste encore, à droite, sur un escalier descendant le long du mur de la seconde enceinte, dans l'angle près de la tour.

Nous avons relevé, de la base au sommet, les marques des appareilleurs, encore visibles sur les pierres, et nous avons reconnu qu'elles sont partout identiques ; c'est bien la preuve que le donjon est l'œuvre d'une même époque.

Les signes, qu'on voit au bas de la tour ronde, se retrouvent parfois aussi dans le haut, mais la plupart diffère par suite du grand nombre d'ouvriers employés à la construction[3].

1. Un petit réduit du même genre se trouve aussi dans les salles du premier et du second étage à la tour du centre.

2. Voir plus haut, p. 47.

3. La succession générale est indiquée dans les six premières lignes des mar-

La plate-forme, depuis la nuit du 8 au 9 septembre
1867, est débarrassée d'une toiture conique, qui reposait
lourdement sur les créneaux. Cette nuit-là, on simulait,
à l'occasion de la fête locale, l'attaque du château qui,
pendant le bouquet du feu d'artifice, devait paraître
embrasé. La représentation réussit au delà de toute pré-

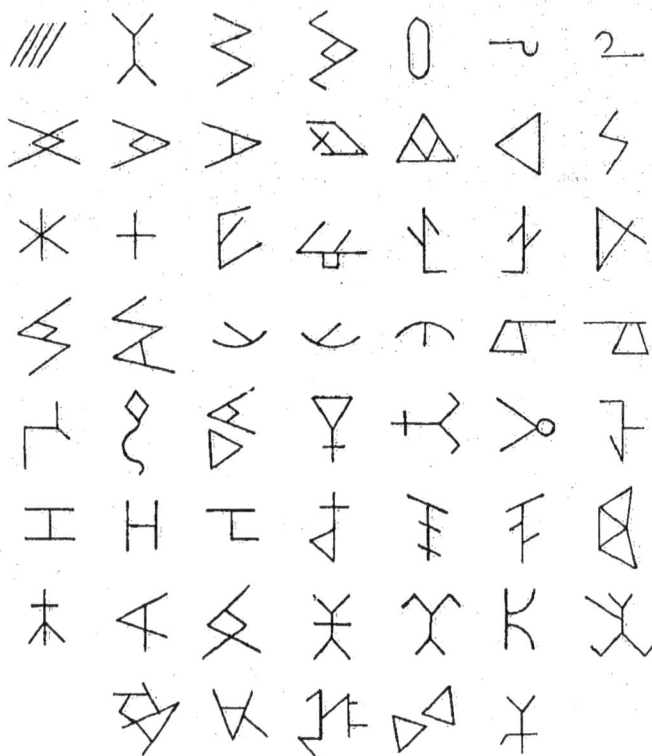

Fig. 11. Marques de tâcherons.

vision : des étincelles pénétrèrent dans la charpente
vermoulue et allumèrent un violent incendie ; les tons
roussâtres qu'offrent les parois extérieures de plusieurs
créneaux rappellent le souvenir de cet événement. Juste

ques de tâcherons que nous avons figurées dans la planche ci-dessus. Les
marques des deux dernières lignes sont plutôt particulières aux crénelages des
tours carrées ; nous avons laissé de côté, pour ces tours, celles déjà recueillies
au donjon.

deux siècles auparavant, en 1667[1], la foudre était tombée
sur la tour ronde. C'était probablement à cette époque,
en procédant à la réparation des dégâts, qu'on avait surmonté l'édifice de cet affreux chapeau ; les remaniements opérés au commencement du XIX° siècle en
avaient rendu l'effet encore plus disgracieux. On avait dû
remplacer la toiture en poivrière remontant sans doute
au XV° siècle[2].

La disparition du chapeau a permis à la tour de se
montrer avec les proportions dont il modifiait l'harmonie. Lorsque la Commission des monuments historiques
a préparé le projet de restauration, il a été question
d'élever une toiture d'ardoises dans le style du XV°
siècle. Quoiqu'on n'ait pas à redouter le rétablissement
d'une charpente analogue à celle dont l'incendie a fait
justice, l'opinion publique s'est émue ; le projet
semble d'autant mieux abandonné que les crédits font
quelque peu défaut. Il serait sans doute préférable d'employer les sommes disponibles à compléter, sur d'autres
points, les travaux de restauration et de consolidation.

Au Sud, la tour ronde est soutenue par un arc-boutant
qui a la forme d'une gigantesque arche de pont, coupée
par le milieu ; en cet endroit, le terrain est en pente, et,
pour retenir le poids de la maçonnerie entraînée par la
déclivité du sol, on a opposé la résistance de cet arc
agissant en sens contraire. Les marques des tâcherons
ou appareilleurs sont les mêmes que dans la tour ; d'où il
est facile de conclure qu'un mouvement, s'étant produit
pendant ou peu de temps après la construction, on s'est
empressé d'en arrêter les conséquences par l'adjonction
de ce contrefort.

En même temps que d'archives[3], la tour servait

1. Voir plus haut p. 68.
2. *Ibid.*, pp. 46-47.
3. *Ibid.*, p. 79.

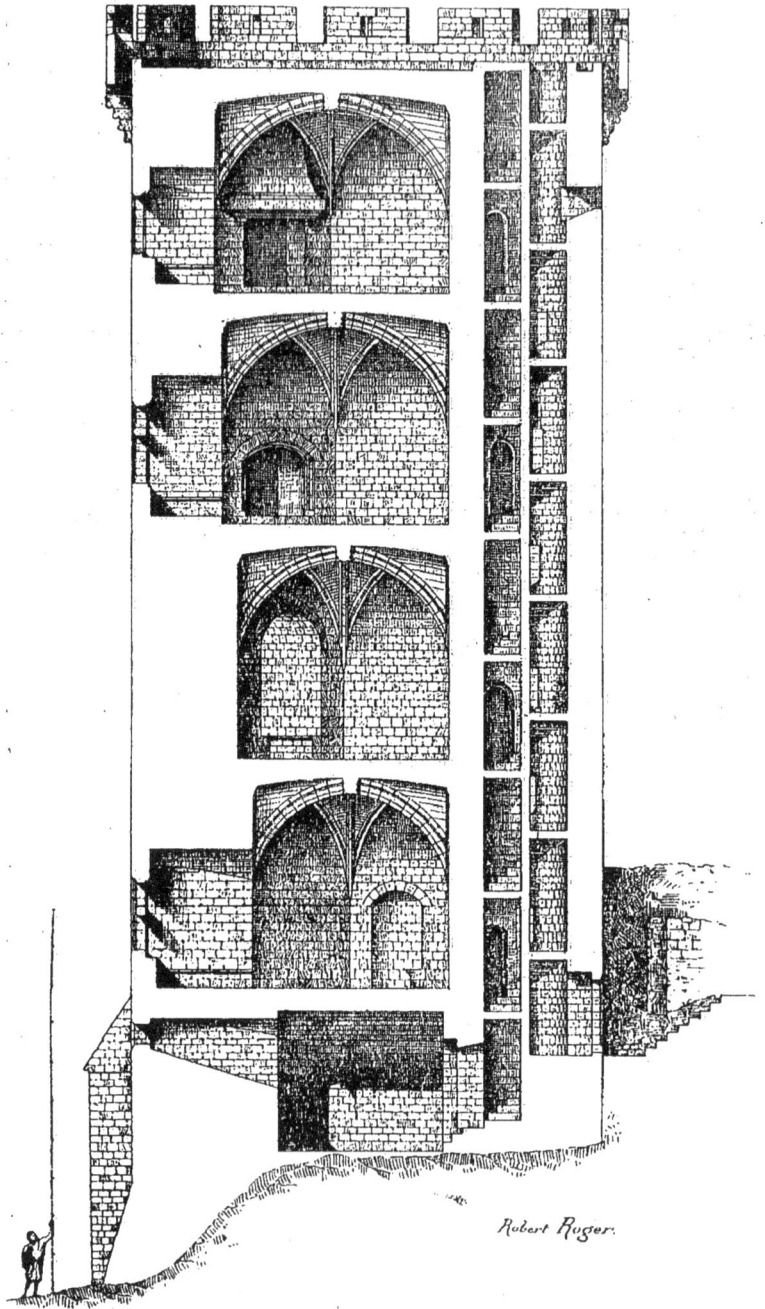

Fig. 12. Coupe sur la tour ronde.

aussi de prison. Au dernier étage, était le dépôt précieux des documents historiques ; dans les chambres inférieures, sur les parois des embrasures, on distingue encore des inscriptions datées, rappelant le séjour des détenus ou des soldats ; quelques-unes[1] remontent au commencement du XVIIᵉ siècle. On en a notamment déchiffré une dans la chambre du quatrième étage, à gauche de la porte, à un mètre environ du carrelage. Un visiteur en a fait le relevé, qui a été publié dans l'*Intermédiaire des chercheurs et des curieux*[2] ; elle est en l'honneur d'Henri IV :

> HENRI IV DIT LE
> GRAND ROI DE
> FRANCE AYANT
> ESTÉ LE PLUS VAYL
> lANT DES ROIS.

L'irrégularité et les ressauts dans la forme des lettres dénotent l'inexpérience du graveur, qui a dû employer la pointe d'un couteau ou d'une dague. La pierre, qui est un grès à gros grains, rendait difficile le tracé des caractères. A différentes époques, les parois des murs à chaque étage ont été barbouillées d'un badigeon à la chaux, tantôt jaune, tantôt blanc ; aussi la plupart des inscriptions ont-elles été recouvertes au grand profit de la morale et sans préjudice pour la science épigraphique.

Nous avons constaté en diverses circonstances qu'il est question de chapelles dans le château. Si, pour rechercher ce qui se rattache à cette question, nous consultons les textes, nous trouvons qu'il existait deux locaux consacrés à l'exercice du culte. En 1096, le comte Roger III, prêt à partir pour la Terre Sainte, invoque l'assistance de

---

1. *Bulletin de la Société Ariégeoise des Sciences, Lettres et Arts*, t. IV, p. 371 (reproduction).
2. Numéro du 20 mai 1894.

saint Volusien et fait vœu que, s'il revenait indemne de
cette expédition, il ferait bâtir une église. Lacoudre ajoute
qu'il institua d'avance, « en son château de Foix, deux
chapelains, dont les bénéfices subsistent encore[1], pour
célébrer journellement la sainte messe dans les *deux
chapelles* qui sont à son intention et pour la conservation de sa personne[2]. » Le même auteur, en
racontant la destruction de la châsse de saint Volusien,
lors de l'occupation de la ville par les Huguenots en
1580, relate qu'elle avait été portée « à la chapelle, au
bas de la tour ronde du château. » C'est ce sanctuaire,
dédié à saint Louis, que Laforest-Toiras, comme nous
l'avons dit[3], rendit au culte en 1622[4].

Il semble qu'après les indications fournies par Lacoudre[5] et par les délibérations municipales, il n'y a pas de
doute sur l'emplacement de cette chapelle. Elle devait
occuper l'étage inférieur de la tour ronde, dont l'amé-
nagement et la décoration ne semblent pas destinés
à un cachot. La salle, qu'éclaire une étroite fenêtre de
forme carrée, est rectangulaire, couverte d'une voûte
surbaissée ; les assises sont de pierres appareillées.
Contre le mur de l'Est était appliqué un bloc de maçonnerie s'élevant à hauteur d'appui ; à côté est creusée
une niche sous une arcature dont les courbes supé-
rieures se rejoignent en accolade. N'était-ce pas là, avec
sa crédence, l'autel qu'on avait orienté suivant les
prescriptions liturgiques ? Dans les temps modernes, la
salle fut transformée en cachot, et la porte, comme nous

1. Voir plus haut pp. 77-79. Des noms de chapelains figurent dans divers
documents. (Voir *passim* l'inventaire des archives de l'Ariège, série B, *Plu-
mitifs d'audiences du dix-huitième siècle.*) Voir aussi le *Bulletin de la Société
Ariégeoise*, t. VI, pp. 198-200.

2. Lacoudre, *Vie de saint Volusien*, p. 49.

3. Voir plus haut p. 52.

4. *Délibérations municipales de Foix*, 20 mars 1622, f° 570 v°. On voit que
le gouverneur avait fait réparer et mettre en son ancien état la chapelle du
donjon.

5. Lacoudre. *Vie de saint Volusien*, p. 49.

l'avons dit précédemment, condamnée par l'accumula-
tion des remblais au pied de la tour ; elle vient d'être
dégagée et rouverte à la suite des derniers travaux de
restauration. L'escalier de pierre, détruit jusqu'à la
hauteur du premier étage et remplacé par un escalier
de bois, a été aussi remis dans son état primitif. C'est
peut-être au moment où l'étage inférieur du donjon
fut consacré au culte que saint Louis en devint le
patron.

Les comtes, qui se rattachaient à ce prince par
Jeanne d'Artois, son arrière-petite-nièce et femme de
Gaston Ier, avaient sans doute désiré avoir dans leur
château patrimonial une chapelle placée sous le vocable
du monarque, leur parent, proclamé saint. Antérieurement à la construction du donjon, un oratoire devait
sans doute s'élever sur ce point. Les Huguenots, en profa-
nant les reliques de saint Volusien, avaient peut-être, par
raffinement d'impiété, choisi cet endroit où, d'après la
tradition, le corps du patron de Foix avait reposé avant
d'être transféré à l'église abbatiale[1].

Quant à la seconde chapelle, aussi fondée par Roger III, on ne peut en préciser l'emplacement, que ne
rappellent ni les textes, ni les traditions ; on ne sait si
elle était sur le plateau du rocher ou dans tout autre
endroit. Dans les dépendances où s'élève le Palais de
Justice et qui servaient autrefois de résidence au
gouverneur, il y avait une chapelle ; quand la Révolution éclata, les ornements en furent inventoriés et
confisqués comme biens nationaux[2]. On ne peut con-
jecturer si elle datait du Moyen Age ou si elle avait été
construite au commencement du XVIIIe siècle avec le
palais.

1. Voir plus haut p. 7, et Pasquier et Courteault, *Chroniques romanes des
Comtes de Foix*, p. 17.

2. Archives départementales de l'Ariège, série Q : estimation des biens
nationaux, *district et ville de Foix*.

Si l'on jette un coup d'œil sur la vue cavalière du
XVII⁰ siècle¹, on distingue, s'élevant au-dessus des
constructions, deux clochers : l'un près du donjon,
l'autre sur la terrasse où est édifié aujourd'hui le palais
de justice. Doit-on en induire que là étaient des chapelles ? Pour la première la supposition est admissible ;
dans ce cas, la salle basse de la tour aurait été soit une
dépendance du lieu saint, soit la chapelle elle-même,
dont un clocher, bâti devant la porte, aurait marqué
l'emplacement. Pour la seconde, faute de renseignements précis, il serait imprudent de se livrer à des
hypothèses.

La recherche des chapelles sur cette gravure suggère
une idée : on se demande ce que signifie le grand bâtiment, dont la façade, percée de fenêtres, est tournée vers
la ville. La construction, autant qu'on peut en juger par
la perspective du dessin, s'appliquait sur les trois tours
jusqu'à mi-hauteur. La terrasse centrale ne devait être
dégagée que du côté de l'Arget. Quelle était la destination de ce bâtiment ? A quelle époque fut-il élevé ?
Dans quelles circonstances a-t-il disparu ? Autant de
questions, auxquelles l'absence de textes ne permet pas
de donner une réponse. Il est possible que le dessina-
teur ou le graveur n'ait pas, par suite d'une impression
d'optique, rendu exactement la position ou les dimensions de la bâtisse ; mais l'artiste n'aurait pas osé
représenter ce qui n'existait pas.

Au XIII⁰ siècle, cette façade ne figure pas sur les
sceaux des comtes. En outre, d'après les plans de la ville
de Foix du XVIII⁰ siècle et d'après des gravures antérieures à 1825, on n'en trouve pas la moindre trace.
Puisqu'il s'appuyait sur le donjon, qui date du
XV⁰ siècle, le bâtiment est postérieur à cette époque, à
moins que, primitivement placé devant les deux tours, il

---

1. Voir plus haut p. 47.

n'ait été prolongé plus tard. La démolition n'aurait eu lieu qu'après la composition de la vue cavalière; alors le château se serait trouvé dégagé, tel qu'il était à l'origine et tel qu'il resta jusqu'à la transformation en maison pénitentiaire.

CHAPITRE IV

Enceintes du château. — Barbacane de Fouichet[1]

Si l'on veut bien se rendre compte de toute l'importance stratégique du château de Foix, il est nécessaire de ne pas négliger l'étude des ouvrages élevés sur divers points pour défendre les approches que la nature du terrain ne protégeait pas suffisamment. Les travaux, d'époques différentes, témoignent des progrès accomplis successivement dans l'art des ingénieurs militaires. Aussi doit-on regretter que, pendant le cours de la restauration, on n'ait pas mieux respecté ces curieux spécimens de fortifications du Moyen-Age.

Ainsi que nous l'avons constaté[2], une première enceinte, contemporaine de la fondation du monument, entourait le sommet du plateau dont elle suivait les contours. Refait à diverses époques, le mur n'offre plus qu'en deux endroits les traces nettement caractérisées des constructions primitives, encore reconnaissables aux assises de moellons calcaires sans presque aucune liaison de mortier. Ces débris sont visibles au Sud et à l'Ouest : 1° dans le rempart dominant le cours de l'Arget ; 2° à la base du mur de la barbacane de Fouichet. Au-dessus de ces fragments, on voit distinctement le changement opéré dans la maçonnerie, dont les assises reposent sur un épais lit de mortier.

La seconde enceinte, œuvre du XIIIe siècle, comme nous le démontrerons, affecte la forme d'un quadrilatère

---

1. Fouichet, quartier qui entoure le rocher vers le Sud-Ouest.
2. Voir plus haut p. 96.

irrégulier, dont les deux grands côtés correspondent aux deux grandes façades du château. Quant aux petits côtés, l'un se confondant en partie avec le mur renforcé de la tour du Nord, constituait le front septentrional, l'autre butant à droite et à gauche la tour du centre, servait de front méridional. Au XVᵉ siècle, on prolongea les deux grands côtés, pour rejoindre la tour ronde nouvellement construite. On peut encore suivre au Nord et à l'Ouest les traces de la seconde enceinte, entre le donjon et la tour du Nord ; au Sud-Est, entre le donjon et la tour du centre. Il est à remarquer que la partie, construite au

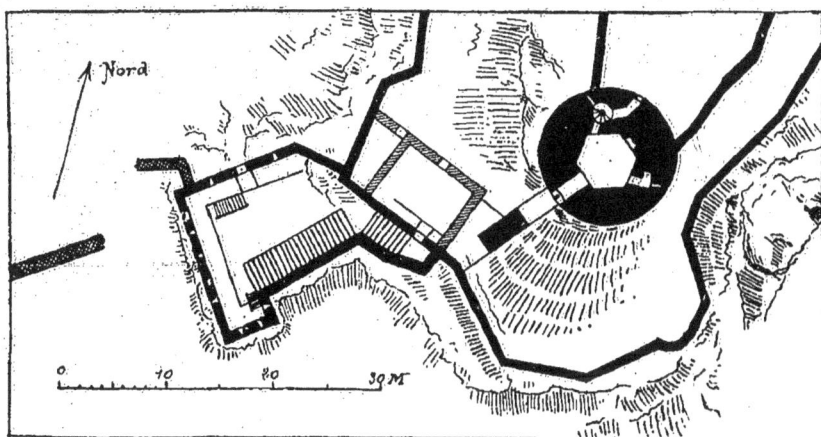

Fig. 15. Barbacane de Fouichet.

XVᵉ siècle, le fut hâtivement et grossièrement avec des matériaux de diverses sortes ; on dirait que l'architecte n'avait ni le temps, ni le moyen de mieux faire.

Arrivons à la barbacane de Fouichet : le système de bâtisse en cet endroit, comparé à celui de la seconde enceinte et à celui du renforcement de la tour du Nord, nous permettra de faire les déductions nécessaires à la solution du problème, que soulève la date de fondation de ces différentes adjonctions.

Cette barbacane, située en contrebas du plateau, dont elle forme une des premières terrasses, a dû remplacer un ouvrage avancé. On pénètre dans la barbacane par

deux portes : l'une fait suite au chemin d'accès, l'autre, établissant les communications avec l'intérieur de
la forteresse, est pratiquée dans le mur de la première
enceinte. La première des portes, comme du reste, celle
qui flanque la tour du nord[1], est en arc brisé ; la
seconde est en plein cintre. Pas de chapiteaux pour
recevoir les retombées de l'arc, pas la moindre moulure,
pas le moindre motif d'ornementation ; le sommet et
les piédroits sont en briques. Ce genre de matériaux se
retrouve en d'autres points, tels que les encoignures des
murailles, les encadrements des meurtrières, les séries
d'assises alternant avec des couches de galets roulés,
de fragments de pierre, le tout noyé dans du mortier.

Pour le passage de la porte intérieure, ainsi que nous
venons de le constater, le mur de la première enceinte a
été coupé et raccordé. La maçonnerie de chaque époque,
par suite de la nature et de la disposition des matériaux,
est facilement reconnaissable ; les points de jonction
sont visibles dans les assises. Un escalier, supporté par
une voûte en briques, partait du sol pour conduire à la
porte intérieure. Les meurtrières n'existent que dans la
façade de la porte extérieure et dans celle dominant
Fouichet ; on accédait aux embrasures par un empattement ménagé à la base du mur.

Il était nécessaire de défendre le passage au débouché
de la première enceinte ; dans ce but, on avait établi
une construction, destinée à servir de logement à un
poste de soldats et que, par suite, on désigna sous le
nom de corps-de-garde. Les transformations successives,
dont ce local a été l'objet à diverses époques, notamment vers 1825, en ont fait disparaître le caractère
archéologique. On distingue encore la trace d'un
empattement qui desservait des meurtrières semblables à celles de la barbacane. Directement, au-dessus de
la porte, on aperçoit posées en encorbellement deux

1. Voir plus haut p. 102.

pierres en retrait l'une sur l'autre. Cette console, souvenir du hourdage en bois, ne devait pas être seule : et avec d'autres, elle contribuait à supporter une logette d'où, par les trous des mâchicoulis, on pouvait accabler de projectiles les assaillants engagés sous l'arceau de la porte ou se pressant sur les marches de l'escalier.

A quelle époque remonte la barbacane ?

En examinant les substructions qui en supportent les murailles, et la reprise faite au rempart de la première enceinte pour l'ouverture de la porte, nous avons reconnu que nous étions en présence d'une œuvre postérieure au corps principal du château. Ce premier point acquis, il s'agit de chercher une date. Or, d'après Viollet-le-Duc [1] et d'après le général de la Noë [2], la barbacane, ouvrage de fortification avancée, fait pour protéger un passage ou les abords d'une porte, ne s'affirme, suivant des règles fixes, que dans le courant du XIIᵉ siècle [3]. A Foix, la porte en arc brisé, les consoles au-dessus du corps-de-garde, taillées en quart de rond à leur partie inférieure, sont autant de présomptions que le travail n'est pas antérieur à la seconde moitié du XIIIᵉ siècle. Enfin la forme des meurtrières corrobore cette assertion ; « elles apparaissent, dit Viollet-le-Duc [4], « dans les courtines au commencement du XIIᵉ siècle ; « assez rares alors, elles se multiplient pendant le cours « du XIIIᵉ. » Les nôtres, avec leurs encadrements de briques pareils à ceux des portes, très étroites et ébrasées à l'intérieur, sont, sans contredit, de cette époque.

Notre barbacane affecte une forme oblongue et n'est pas sans analogie avec l'ouvrage du même genre placé devant chaque porte du castrum à Caumont, dans le

---

1. Dictionnaire d'architecture, t. II, pp. 111-115. Voir *Barbacane*.
2. Notes manuscrites.
3. Voir le *Castrum de Caumont (Ariège)*, par MM. l'abbé Cau-Durban et F. Pasquier, *Bulletin archéologique*, 1898, p. 13 du tirage à part et plan nº 1.
4. Viollet-le-Duc, *op. cit.*, t. VI, p. 386, voir *Meurtrière*.

Couserans[1]. Ce seraient deux exceptions dignes de remarque, si l'on tenait compte de la déclaration de Viollet-le-Duc qui prétend que, généralement, les barbacanes sont semi-circulaires ou semi-elliptiques.

Nous retrouvons dans le renforcement de la tour du Nord, dans les empattements et les meurtrières de la seconde enceinte, les mêmes caractères de fabrique que dans la barbacane de Fouichet : les chaînes de briques alternent avec les cailloux et les fragments de pierre éclatée, le tout noyé dans un épais bain de mortier. On accède aux meurtrières de la seconde enceinte par un empattement, pratiqué d'après les mêmes procédés que dans la barbacane. Cet empattement, qui forme chemin de ronde, arrive sensiblement à la hauteur du passage frayé dans le doublement de la tour du Nord[2], et reprend dès qu'il est sorti de ce couloir. Avant les travaux de restauration, un bâtiment faisant saillie s'appuyait contre la tour du Nord et le corps de logis central. Si la partie supérieure était moderne, la base, jusqu'à la hauteur du couloir, n'était autre que le mur de la seconde enceinte avec ses meurtrières et ses empattements. La citerne, qui est aménagée sous la terrasse, devant la façade du Nord, est toute moderne.

En même temps qu'on élevait la seconde enceinte, on y accolait, au Sud, un ouvrage qui, d'autre part, s'appuyait sur la tour du centre, comme en témoignent de chaque côté les arrachements d'un passage voûté donnant accès à une cour intérieure, comprise entre le château et le rempart. Ce passage, fermé en cas d'alerte, empêchait l'ennemi, après avoir franchi la première enceinte et être parvenu au pied de la tour, de prendre à revers les

1. Abbé Cau-Durban et F. Pasquier. *Castrum de Caumont (Ariège)*, p. 13 et plan n° 1.

2. Il est regrettable qu'on ait accumulé au pied de la tour du Nord, vers le côté de l'Arget, des décombres de toute sorte. La terrasse, ainsi formée, enlève à cette partie de la forteresse son caractère archéologique et empêche de constater l'existence du chemin de ronde.

défenseurs placés sur le chemin de ronde de la seconde enceinte. On descendait de la tour du centre dans ce logis par un escalier qui s'amorçait, ainsi que nous l'avons dit[1], à la chambre du second étage.

Donc, si nous connaissons l'époque où l'on peut faire remonter la barbacane, si nous établissons des points de comparaison entre elle et la plus grande partie de la seconde enceinte et le renforcement de la tour du Nord, nous arrivons à cette conclusion que ces divers ouvrages dateraient de la seconde moitié du XIIIe siècle et seraient l'œuvre du comte Roger-Bernard III.

On peut même déterminer le temps pendant lequel s'élevèrent ces constructions ; elles précédèrent le siège de 1272. Reportons-nous[2] à cette époque où le comte de Foix avait pris fait et cause pour son beau-frère le comte d'Armagnac à propos du seigneur de Sompuy. Les officiers royaux étaient intervenus et avaient évoqué l'affaire. Tandis que le comte d'Armagnac se soumettait, Roger-Bernard continuait la lutte contre le sénéchal de Toulouse qui pénétra jusqu'au Pas-de-Labarre, c'est-à-dire à une demi-lieue en aval de Foix. Bien qu'il considérât le château comme difficile à prendre, le comte ne jugea pas inutile d'ajouter de nouvelles fortifications aux anciennes, et même de renforcer celles-ci. Une semblable entreprise était une infraction formelle au traité de 1229, dont une clause prescrivait à son aïeul, Roger-Bernard II, de ne pas augmenter les moyens de défense du château ; les héritiers du prince étaient astreints à respecter cette convention. Aussi la transgression donna-t-elle lieu à des observations consignées dans un mémoire, que rédigèrent les officiers royaux sur la situation de la province. « Il importe, disaient-ils, que « le comte de Foix détruise les nouvelles fortifications

---

1. Voir plus haut p. 107.
2. Voir plus haut pp. 19-20.

« qu'il a élevées, ainsi que les anciennes qu'il a renfor-
« cées depuis le temps qu'il a promis au roi de n'en rien
« faire sans son assentiment ; il ne cesse même de pour-
« suivre son œuvre[1] ». Pour atténuer la responsabilité
de Roger-Bernard, on peut admettre qu'il n'avait pas
pris l'initiative des travaux et qu'il continuait ce qu'avait

Fig. 14. Armoiries des Comtes de Foix et de Béarn à la tour du centre
(1ᵉʳ et 2ᵉ étages)[2].

commencé son père Roger IV[3]. En parlant du comte de
Foix, les agents du roi entendaient sans doute désigner
aussi bien le père que le fils. En ce qui concerne ce der-

1. Voir plus bas le texte latin reproduit dans la note 2 de la p. 130.
2. Voir plus haut p. 106.
3. Roger-Bernard II a régné de 1223 à 1241 ; son fils Roger IV de 1241 à
1265, et le fils de ce dernier, Roger-Bernard III, de 1265 à 1302.

nier, il est clair qu'après son équipée, et devant les
menaces du roi de France, il avait cherché à rendre son
château plus fort que jamais.

Quand l'armée française, sans trouver de résistance,
à la fin de mai 1272, se présenta devant Foix, la place

Fig. 15. Armoiries d'Eléonore de Comminges femme de Gaston II, comte de Foix,
à la tour du centre (2ᵉ étage)[1].

et ses abords devaient offrir un accès moins facile qu'au
moment des incursions de Simon de Montfort. On ne
pouvait plus circuler sur la rive droite de l'Arget pro-
tégée par un mur, derrière lequel s'étageaient les ouvra-

1. Voir plus haut p. 106.

ges construits sur les flancs du rocher ; la barbacane de Fouichet devait être du nombre. Enfin, sur le sommet du plateau, la seconde enceinte serrait de près le château, avec lequel même elle se confondait au moyen du couloir pratiqué dans le mur de doublement de la tour du Nord. Aussi, après la capitulation, lorsque les commissaires du roi d'Aragon et du comte de Foix [1] s'entendirent pour la remise de la place, ils parlèrent de la tour du centre et de la tour neuve *(turris nova)*. Quelle pouvait être cette tour, si ce n'est celle du Nord transformée au point de paraître neuve ? Toutes les parties ajoutées, que nous venons de décrire, offrent les mêmes caractères architectoniques, les travaux doivent être contemporains; notre conclusion n'est donc pas une hypothèse et repose sur des bases solides [2].

---

1. Voir plus haut pp. 24-25 et *Hist. de Languedoc*, t. X, cc. 107-110, *remise du château* : nous en donnons le résumé aux pièces justificatives, p. 152.

2. Nous reproduisons le texte dont nous avons donné une traduction résumée. En l'attribuant à 1272, nous ne faisons que suivre l'opinion de M. Auguste Molinier *(Hist. de Languedoc*, t. IX, p. 12, note).

« *Memoriale de scriptis provincie Narbonensis,que sunt in thesauro domini regis, utilibus ad utendum in presenti.*

XI. Item de comite Fuxensi, ut diruat novas fortericias quas fecit, et veteres quas infortiavit a tempore illo quo Domino Regi promisit quod hoc non faceret sine mandato Domini Regis, ut hec continentur in instrumentis servatis LXIII, LXIV, LXV, LXVI, et LXVII, in capsa E. Et etiam in his duobus ultimis continetur quod heredes sui hoc servare tenebuntur ; est certum quod multas novas fecit, et multas vetere infortiavit, et adhuc facere non cessat. » (A. Molinier, *Catalogue des actes de Simon et d'Amaury de Montfort*, VI. Bibl. de l'Ecole des Chartes, t. XXXIV, 1873, pp. 199-200 et tirage à part).

CHAPITRE V

**Anciennes voies d'accès du château. — Ouvrages avancés
du côté de l'Arget.**

Deux étroits chemins, développant leurs lacets à
l'Ouest et à l'Est sur les flancs du rocher, menaient au
château. Tous deux avaient une origine commune et se
détachaient de la route longeant l'Arget à l'endroit où,
moins abrupte, la masse du pic offre une dépression
terminée par une pente rapide.

A droite partait, en décrivant des zigzags, la voie
aboutissant à la barbacane.

A gauche, plus en aval, commençait un chemin dont
il n'est plus facile aujourd'hui de suivre partout la trace
et qui parfois est taillé en corniche dans le roc. Sur tout
son parcours il était bordé d'une muraille, passait derrière une tour oblongue élevée sur une sorte de promon-
toire surplombant la route et le ruisseau[1]. On arrivait
ensuite à un ouvrage avancé de forme rectangulaire ;
dans le mur du fond s'ouvrait une porte semblable à
celle de la barbacane de Fouichet[2]. Sous cette porte,
maintenant fermée, se continuait le chemin au moyen
d'un couloir pratiqué dans le roc avec une pente
de quatre à cinq mètres. On débouchait ensuite
sur une terrasse où peut-être, primitivement, on
avait ménagé une petite barbacane, contemporaine de
l'autre. On sortait de cet ouvrage, sur lequel plus tard

---

1. Cette tour existe encore et a été transformée en maison d'habitation,
longtemps désignée sous le nom de Plaisance.
2. Cette porte se trouve sur une propriété particulière.

on a édifié une poudrière¹, pour reprendre le chemin
aboutissant enfin à la première enceinte du château et
qui, actuellement, passe sous le guichet moderne du
concierge où il se raccorde aux lacets tracés en 1825.
Il est vraisemblable de supposer que, sur ce point, devait
se trouver une poterne qui, par un sentier, descendait
vers la ville du côté de l'abbaye. Cette hypothèse est
justifiée par les substructions d'anciens bâtiments qui
existaient sur l'esplanade du palais de justice².

Enfin tous les abords du rocher vers l'Arget, et, par
conséquent, le point de départ des voies conduisant à la
forteresse, étaient spécialement protégés par un rempart,
dont le ruisseau pouvait être considéré comme le fossé.
A l'Ouest, c'est-à-dire à Planissolles³, en amont et, à
l'Est, près de la porte de la ville en aval, non loin de
l'abbaye de Saint-Volusien, la muraille se retournait en
équerre pour rejoindre la base du pic. Une porte était
percée à chaque extrémité de la route de l'Arget. Pour
remédier à l'insuffisance des défenses naturelles, les
ingénieurs avaient jugé à propos de fortifier ce côté par
un système assez compliqué d'ouvrages avancés. Il était,
en effet, nécessaire d'assurer aux assiégés un accès vers
l'eau, de contraindre les assaillants à élargir la ligne
d'investissement et de rendre ainsi de plus en plus difficile l'approche de la forteresse.

A quelle époque furent exécutés ces travaux supplé-
mentaires de protection ? A coup sûr, ils ne remontent
pas à la fondation du château, puisqu'ils précèdent des
ouvrages postérieurs au corps de place. La complica-
tion, qui se révèle dans la disposition des plans, dénote
un temps où l'art de la défense avait fait de sensibles
progrès. Ce sont des œuvres contemporaines de la bar-

1. Elle sert actuellement d'écurie au concierge du château.
2. Résultat des fouilles faites par M. Paul Bœswillwald en 1881-82.
3. A l'emplacement où se trouve aujourd'hui l'imprimerie Pomiès.

bacane de Fouichet ; on en aura la preuve en étudiant le système adopté : 1° dans les encoignures de la tour surplombant le chemin de l'Arget[1] ; 2° dans la porte du passage qui se trouve sur le chemin de l'Ouest ; 3° dans l'ouvrage rectangulaire placé devant cette porte et qui, avec son empattement, joue le rôle de barbacane ; 4° dans la tour surmontant la citerne. Partout en ces ouvrages, comme à la barbacane de Fouichet, ce sont les mêmes procédés de construction caractérisés par la présence de la brique dans les encoignures, les montants des meurtrières et des portes.

A en juger cependant par le style des toitures qui couvrent les tours figurées sur la vue cavalière de 1669, entre l'Arget et la première enceinte, les adjonctions ou transformations auraient continué aux XIVe et XV siècles. Ces tours ont dû disparaître au moment où l'on a construit le palais de justice au commencement du règne de Louis XV.

Quant aux ouvrages destinés à protéger les abords du rocher du côté de la ville et dominant le quartier des Chapeliers[2], nous croyons qu'ils ne remontent pas au-delà du règne de Louis XIII ; ils sont sans doute contemporains des fortifications dont Laforest-Toiras entreprit la construction[3]. Il n'y a pas longtemps, dans un mur de jardin[4] non loin du palais, en suivant la rue qui descend en ville, on distinguait la trace de meurtrières, arrondies de manière à laisser passer les mousquets, arquebuses et coulevrines.

A l'entrée du chemin de l'Arget, en aval, s'avance une construction formant angle sortant ; la muraille rejoint le terre-plein du palais de justice, en offrant dans son parcours deux autres saillies du même genre. Dans ce

---

1. Cette tour est celle appelée Plaisance, dont nous avons parlé en traitant la question du chemin d'accès vers l'Est, p. 131.

2. Autrefois ce quartier s'appelait le consulat d'Engros.

3. Voir plus haut, pp. 58-59.

4. Maison Baby.

mur, dont la maçonnerie présente un caractère relativement moderne, on voit, encastrée en quatre endroits, une pierre où est gravé un L majuscule. Cette lettre a été placée à titre commémoratif pour faire allusion au nom de Louis XIII, sous le règne duquel a été élevée cette fortification supplémentaire. On reconnaît bien les trois petites pointes de bastion conformes au devis dressé, en 1631, par Laforest-Toiras.

Sur la vue cavalière de 1669 [1], on distingue une porte donnant sur la place de l'église et qui devait ouvrir dans l'axe de la rue actuelle du tribunal. Cette porte accédait à la terrasse [2] où, comme l'indique le devis [3], se trouvait le logis du gouverneur, refait en 1727 et devenu le palais de justice. C'est à droite de cette porte que s'avançaient les bastions en question ; à gauche, il y en avait trois autres semblables, sur lesquels nous manquons de renseignements [4].

---

1. Voir plus haut, p. 47.

2. Il devait y avoir un petit chemin reliant cette terrasse au plateau du château, juste à l'endroit où le chemin partant de l'Ouest aboutissait à la première enceinte. Voir plus haut, p. 132.

3. Voir plus haut le contrat, pp. 58-59.

4. Les préaux des prisons occupaient, l'un la cour située entre le donjon et la tour du centre ; l'autre la cour comprise entre la seconde enceinte au Nord et le bâtiment central qui reliait les tours du Nord et du centre. (Voir le plan pp. 88-89).

CHAPITRE VI

Dépendances du château. — Palais de justice. — Murailles de la ville. — Travaux de restauration.

A l'extrémité septentrionale du rocher, sur la droite, au-dessus du guichet moderne du concierge, s'élevait une tour carrée[1]. Au ras du sol, la fente d'une voûte effondrée permet de voir une petite salle ; les parois en sont revêtues d'une épaisse couche de ciment rouge ; l'on n'y pénétrait que par une étroite ouverture, percée dans la partie supérieure. Une citerne devait sans doute exister en cet endroit. Nous en avons constaté une de ce genre aux châteaux de Lordat, Montségur, Roquefixade et deux à celui de Durban[2]. L'enduit, dur comme de la pierre et qui en recouvrait les parois, nous a paru être composé de chaux, de sable, de brique et de charbon pilés ; c'est la brique qui lui donne sa couleur rougeâtre. Placée sur ce point, cette tour, qui comme nous l'avons vu, datait du XIIIe siècle, défendait les abords de la forteresse, dominait le chemin partant de l'Arget vers l'Ouest et aboutissant à la première enceinte.

Dès le XIIIe siècle, les dépendances du château ne pouvaient plus contenir dans l'espace trop restreint du plateau. Nous en avons la preuve dans l'acte passé le 7 juin 1272, lorsque les officiers du comte Roger-Bernard[3] firent aux agents du roi d'Aragon la remise de la

---

1. On y accède par un petit escalier qui se trouve à droite, immédiatement après la loge du concierge.
2. Ces châteaux sont tous dans l'Ariège.
3. Voir plus haut pp. 24-25 et *pièces justificatives*, p. 152.

place. Les représentants des deux parties rédigèrent à cette occasion un procès-verbal, dans lequel ils donnèrent une description sommaire du monument. Deux tours étaient spécialement désignées, l'une sous le nom de *tour neuve*, l'autre sous celui de *tour du milieu*[1]. D'après

Fig. 16. Cul-de-lampe de la tour du centre (1er étage)[2].

leurs déclarations, les commissaires des princes franchissent d'abord une porte auprès de laquelle coule une fontaine, puis ils passent devant les maisons où

1. *Hist. de Languedoc*, t. X, *preuves*, cc. 107-108 et plus bas p. 152.
2. Voir plus haut p. 103.

habitait ordinairement la comtesse, et atteignent ensuite une autre porte donnant accès dans l'enceinte supérieure.

Au mois d'août 1391, les représentants des communes du pays étaient réunis dans une grande salle pour rendre hommage au jeune Mathieu de Castelbon, successeur de son cousin Gaston Phœbus, et pour faire confirmer les coutumes et privilèges de leurs cités. L'acte,

Fig. 17. Cul-de-lampe de la tour du centre (2e étage) [1].

d'où est tiré ce renseignement [2], porte que la réception eut lieu *in tinello novo inferiori*. La construction, encore récente, devait remonter aux dernières années

1. Voir plus haut p. 106.

2. F. Pasquier, *Coutumes municipales d'Ax.* Foix, Pomiès, 1887, acte d'hommage. Voir aussi *Hist. de Lang.*, t. X, *preuves*, c. 1027.

du règne précédent. Il ne peut être question de la
salle comprise entre les deux tours carrées, dont
les baies ressemblent aux petites fenêtres romanes de
l'église Saint-Volusien ; c'était une casemate disposée
plutôt pour servir de magasin et loger des soldats
que pour recevoir les États de la province. Autour
du château, l'espace fait défaut pour élever un édifice aux vastes proportions ; on peut admettre que
cette grande salle se trouvait dans les bâtiments
situés sur l'esplanade inférieure du rocher. Si le
tinellum[1] date de la fin du règne de Gaston Phœbus, si
la transformation de la tour du centre remonte au
temps de la tutelle de sa mère, on ne peut citer dans le
château aucune autre construction rappelant ce prince.

Au bas du pic, il ne reste plus de l'époque féodale que
les épaisses murailles en quartiers appareillés dominant
le chemin de l'Arget et les salles servant d'abri provi-
soire aux collections du musée départemental. En 1727,
les étages supérieurs furent rasés ; sur les substructions,
suivant le style du jour, on éleva, sur un plan en équerre,
un palais orné d'un fronton grec ; le mauvais goût
en fait d'architecture, au moins à Foix, ne date pas
seulement du XIXᵉ siècle. Ce palais devait servir de
résidence au gouverneur, ou plutôt à son lieutenant et à
d'autres officiers. Les États de la province y tenaient
leurs séances annuelles ; aujourd'hui, il est affecté aux
divers services de la justice.

Le château n'était pas la seule défense de la ville ; elle
avait, pour se protéger, une enceinte fortifiée avec des
tours et des fossés. Tout ce système se rattachait au château, qui formait le point culminant de la résistance. Du
pied de la barbacane de Fouichet partait une muraille
tournant brusquement sur la gauche vers le Sud-Est ;

---

1. *Tinellum*, d'après le glossaire de Ducange, c'était la grande salle des
châteaux féodaux où avaient lieu les cérémonies officielles.

elle atteignait le plateau actuel de Villote et de là suivait une ligne droite jusqu'à l'Ariège. Un fossé protégeait les abords du mur sur tout le côté méridional et rejoignait la rivière qui, baignant le rempart, contribuait, vers l'Est, à la défense. Il convient d'ajouter que le confluent de l'Ariège et de l'Arget était occupé par l'abbaye de Saint-Volusien, qui formait l'avant-corps de défense.

Les murailles de distance en distance étaient garnies de tours carrées. Cinq portes[1] percées dans une tour de même forme, mais de plus vastes dimensions que les tours du rempart[2], donnaient accès dans la ville : une se trouvait au Cap-de-la-Ville ; deux étaient ouvertes dans le mur de Villote : l'une, celle de Saint-Jammes[3], près de la mairie actuelle ; l'autre, celle de Saint-Vincent, non loin de l'Ariège. Presque au confluent de l'Ariège et de l'Arget, devant l'abbaye, se dressait la porte de l'Arget. Enfin, le pont jeté sur l'Ariège aboutissait à une porte, qui devait être disposée comme celle existant encore à Orthez, si l'on s'en rapporte à la description donnée par différents documents[4]. Au XVe siècle, sous le règne du comte Gaston IV, furent élevés les portails du pont[5].

C'est probablement de la même époque que date l'enceinte continue de la ville, à en juger par l'aspect des tours, telles qu'elles figurent sur la vue cavalière

1. Nous avons la preuve de leur existence en 1532, d'après une délibération du 2 avril, prise par le conseil de ville, dans laquelle sont désignés les noms des gens ayant la garde des clés. « Item qui tendra las claus de las portas : Raynaud, del Pont, Rouys, de Sant-Vincens, Mossen Cossol Jausa, de Sant-Jacme, Johan Aquoquat, del Cap de la Vila, Franquet, de l'Arget. (*Registre des délibérations*, 1552, fº 281, vº).

2. Voir la gravure du XVIIe siècle plus haut, p. 47. Ces portes ne devaient pas être sans analogie avec celles qui existent encore à Tarascon dans la haute ville, à Ax-les-Thermes, près des bains du Teich, et à Sentein (canton de Castillon). Dans ces localités, les fortifications semblent dater du XIVe ou XVe siècle.

3. C'est-à-dire Saint-Jacques.

4. M. Doublet, *Bulletin de la Société Ariégeoise*, t. IV, nº 12, p. 393 : *La Vie Municipale à Foix au XVIIIe siècle*.

5. Delescazes, *Mémorial historique*, édition Pomiès, p. 119 ; Pasquier et Courteault, *Chroniques romanes des comtes de Foix*, p. 75.

du XVII° siècle[1], coiffées de toits pyramidaux en
charpente. La construction en aurait alors coïncidé
avec celle de la tour ronde et avec les remaniements
opérés en diverses parties du château ; c'étaient
autant de conséquences de la transformation survenue
dans l'art de la guerre.

En 1356, le Prince Noir, après sa victoire de Poitiers,
s'était jeté sur les provinces méridionales ; il avait
remonté le cours de la Garonne jusqu'à Toulouse,
répandant partout la dévastation et la terreur. On pouvait craindre que les bandes anglaises ne fissent une
excursion dans le pays de Foix. A Pamiers, les habitants obtinrent l'autorisation d'entourer leur ville de
murailles, dont la construction ne coûta pas moins de
8.200 florins d'or. En 1368, il fallut encore dépenser
1.330 florins pour terminer les travaux[2]. Ne pourrait-on
admettre qu'il en fut de même à Foix et que les remparts des deux villes, par suite des circonstances, sont
contemporains ? A Foix, l'enceinte, qu'elle soit du XIV°
ou du XV° siècle, a du en remplacer une autre moins
étendue et, sur certains points, dirigée dans un autre
sens. A l'époque où Simon de Montfort tenta de s'emparer de la ville[3], on trouve mention d'un rempart où
les habitants accoururent pour renforcer la garnison
qui faiblissait. Devant cette résistance, il se retira
après avoir brûlé les faubourgs.

En 1581, lorsque les Huguenots du voisinage, accourus
au secours de leurs coreligionnaires, arrivèrent devant
la ville, ils percèrent la muraille au quartier de *Foixet*[4],
sur le bord de l'Arget[5].

---

1. Voir plus haut page 17.
2. J. de Lahondès, *Annales de Pamiers*, t. I, pp. 137-138.
3. Voir plus haut pp. 12-13.
4. *Mémorial*, p. 101. *Foixet*, aujourd'hui *Fouichet*.
5. Voir plus haut p. 45.

De l'ancien rempart, il ne reste plus que les pans dominant le chemin de l'Arget, quelques assises à l'entrée
de la rue Saint-Vincent, près d'une impasse, et les murs
soutenant les jardins sur le bord de l'Ariège jusqu'au
pont. La muraille, presque semblable à celle encore visible
autour de plusieurs quartiers de Pamiers et de Saint-Gi-
rons, était bâtie en moellons et en cailloux, noyés dans un
compact mortier de chaux. Épaisse d'environ un mètre
à la base, elle s'élevait à une hauteur d'environ quatre
mètres ; un chemin de ronde, qui devait reposer sur
un terre-plein ou sur une galerie de bois, permettait
aux défenseurs d'en surveiller les approches et de repousser les assaillants.

L'entretien des fortifications était à la charge de la ville,
qui parfois trouvait ce fardeau un peu lourd, mais qui
cependant ne cessa de le supporter jusqu'au milieu du
XVIIIe siècle. Les portes étaient fermées le soir, et la
cité, à l'abri de ses remparts, s'endormait tranquille,
dans l'assurance de n'être pas inquiétée par les rôdeurs
des environs. Sous le règne de Louis XV, le mur, du
moins du côté de Villote, fut renversé. En 1741, la porte
Saint-Jammes[1] fut démolie, et les matériaux servirent
aux travaux d'embellissement de la nouvelle promenade[2].

1. Doublet, *Episodes de la vie municipale à Foix sous Louis XV*. Foix,
Gadrat, 1895.
Dans les brochures contenant les incidents de la vie municipale à
Foix sous Louis XIII, Louis XIV, Louis XV, Louis XVI, se trouve le détail de
tous les faits relatifs à l'entretien, à la réparation et à la démolition des remparts de la ville.
2. Le dossier pour la transformation de Villote existe aux archives de la
ville.

*
* *

Malgré l'insuffisance des travaux effectués, les traces
du vandalisme administratif disparaissent peu à peu ;
le château reprend un aspect rappelant son origine féodale. Le double but de la restauration semble atteint :

1° Débarrasser le monument de toutes les masures
qui l'entouraient et le déshonoraient ;

2° Ensuite, après le dégagement, consolider et conserver ce qui reste des anciennes constructions.

Le programme en partie est rempli : les verrues, qui
avaient poussé sur les tours et le corps de logis, n'ont
pas laissé de trace. La tour du Nord a été reprise, assise
par assise, travail délicat, heureusement mené à bonne
fin ; le résultat ne laisse pas supposer les difficultés
surmontées. La toiture à charpente d'ardoises qui la recouvre a été refaite sur les plans de l'ancienne, telle
qu'elle existait encore vers 1840, époque où elle fut préci-
pitée par le vent sur le chemin de l'Arget. Des gravures,
faites dans les premières années du règne de Louis-
Philippe, indiquent quelle en était la forme ; l'architecte
n'a eu qu'à faire une reproduction. A la tour du centre,
les étages, coupés par des planchers, ont été rendus à
leur hauteur primitive.

La terrasse, reliant les deux tours et dont les créneaux
offrent de près un aspect un peu lourd, est une restitution opérée, d'après les renseignements les plus précis
que l'architecte a recueillis sur la situation de l'édifice
avant la transformation de 1825. Si nous revenons sur
ces détails techniques, c'est pour établir que, dans
le projet de restauration, on n'a pas cédé à une

inspiration fantaisiste, à l'idée de produire un effet théâtral dans le paysage, mais qu'on s'est appliqué à donner une reconstitution fidèle de l'ancien monument. S'il en est ainsi pour la plate-forme, que n'applique-t-on le même système aux parements extérieurs de la façade de l'Est ? Vers l'Ouest, on a refait les baies d'ajouration suivant les dispositions retrouvées dans l'épaisseur de la voûte ; vers la ville, on a laissé les fenêtres carrées avec leurs grilles de prison. Cependant les ouvertures de ce côté, ainsi que l'ont prouvé les sondages, étaient identiques aux autres. Dans un but encore indéterminé, on a sans doute l'intention d'utiliser la salle dont on a réparé la voûte ; aussi veut-on y laisser pénétrer une lumière que les lucarnes n'assureraient pas dans les mêmes conditions.

Quant à la tour ronde, on a dégagé la base et découvert la porte inférieure ; le crénelage a été consolidé. On a commencé à reconstituer, suivant les traces mises à découvert par les fouilles, le système de défense extérieure aux abords de la barbacane ; là, on reconnaît les procédés des ingénieurs militaires du Moyen Age pour combiner l'art avec les dispositions du terrain. Ce serait une des restitutions les plus heureuses à entreprendre au point de vue technique que de restaurer la poterne faisant suite à la barbacane ; en même temps on démolirait des bâtisses hideuses[1] qui déparent encore ce côté du rocher.

Il reste, en outre, à faire disparaître de nombreux tas de décombres, à niveler le sol en divers endroits, à écrêter des murs clôturant les préaux de la prison, à nettoyer les salles de la tour ronde, à prendre un parti au sujet de ce qu'il convient de faire de la casemate placée sous la terrasse.

Pendent interrupta mœnia.

En comparaison de ce qui a été tenté pour arriver

---

1. En 1825 on a élevé, sur des substructions anciennes, un corps de garde et ses accessoires.

au point où on en est, l'achèvement du programme approuvé n'entraîne ni grands frais, ni difficultés insurmontables. Mais qu'on fasse un dernier effort pour ne pas laisser les choses, comme elles sont depuis quelques années ! La presse s'est faite l'écho de l'opinion publique. Si les crédits manquent pour continuer la restauration, il serait convenable, dans un but de propreté, de ne pas laisser indéfiniment au château l'aspect d'un chantier abandonné. C'est le désir de tous ceux qui ont le respect des monuments historiques, qui s'intéressent au bon emploi des finances publiques et qui tiennent au bon renom de l'administration Ariégeoise. Nous espérons qu'il sera donné satisfaction à ce vœu légitime plusieurs fois renouvelé[1]. Il serait triste que, par suite de la négligence ou de l'indifférence, le résultat restât incomplet.

Consolidé, protégé contre les injures du temps, défendu contre les entreprises d'administrations trop utilitaires, le château de Foix, rappelant de nobles traditions, doit être par excellence le monument historique de la région. C'est faire œuvre de patriotisme que d'assurer à un pays la conservation d'un semblable édifice ; il perpétue le souvenir de Gaston Phœbus, un des plus brillants chevaliers de son temps ; de Gaston de Foix, le vainqueur de Ravenne, et des autres vaillants comtes de Foix ; le dernier, et le non moins célèbre, est Henri IV [2], devenu roi de France, que les gens du pays de Foix ont bien le droit d'appeler *Nostre Henric*, comme le font les Béarnais.

1. Il a été reproduit dans la session d'août 1899, par le Conseil général de l'Ariège, à la suite d'une proposition faite par la *Société Ariégeoise des Sciences, Lettres et Arts* (Voir le *Bulletin*, t. VII, pp. 265-266, séance du 30 juillet 1899).

2. Le Comté de Foix fut réuni à la couronne, en 1607, par Henri IV qui, du chef de sa mère Jeanne d'Albret, en était devenu l'héritier.

Explication des gravures concernant le martyre
de saint Volusien.

(Voir pages 6 et 8-10).

Extrait de l'Album des Monuments du Midi de la France[1].
Château de Foix. (Note additionnelle).

Les gravures 1 et 2 représentent[2] deux faces d'un chapiteau
du XIIe siècle provenant du cloître de l'abbaye de Saint-
Volusien à Foix. Ce cloître, situé sur un des côtés du monument, occupait une partie de la place actuelle de l'église. C'est
là que ce chapiteau, aujourd'hui conservé au musée départemental de l'Ariège, a été trouvé, vers 1825, au moment où
l'on procédait à des travaux de nivellement. Les sujets reproduits sont tirés de la légende de saint Volusien.

Figure 1. Après la défaite de Poitiers, en 507, les Wisigoths
se retirèrent à Toulouse où les Francs vinrent les assiéger.
On représente l'attaque de la ville par les soldats de Clovis ;
les uns envoient des flèches aux défenseurs placés sur la
muraille, pendant que les autres se livrent à des opérations
de sape près d'une porte.

Figure 2. Les Francs ont emporté la ville et commencent
la démolition des remparts. Deux soldats Wisigoths emmè-
nent saint Volusien, dont les mains sont liées sur la poitrine.
Le prélat, revêtu des insignes épiscopaux, est entre les deux
hommes l'entraînant par une corde, dont chacun d'eux tient
une extrémité. *Qui, religatus et cadenatus infra menia urbis
Tholose, ab eadem per nequissimos ejectus,* ainsi que le porte
une charte de 1384, résumant la légende du patron de Foix et
dont voici la traduction d'après la chronique romane d'Esquerrier : *Ayan lo rey de Fransa aucigut lo rey des Gots et la
major partida de sas gens, los autres, que escapar podian, fugin
et s'en meneguen, pres et ligat, lo glorios sant Volzia, per lo passar*

1. Toulouse, Privat, 1897, in-4°.
2. La première est à la page 8, la seconde à la p. 9.

10

en las Espagnas[1]. On le voit, le sculpteur s'est inspiré de la
légende.

FIGURE 3. *Sceau de l'abbaye de Saint-Volusien de Foix.
Martyre de saint Volusien, patron de Foix*[2].

C'est le martyre du saint, qui subit le supplice de la décapi-
tation, L'évêque, à genoux, mitré, s'appuie sur sa crosse ; un
bourreau, vêtu d'une tunique courte, armé d'un glaive, lui
tranche la tête. De chaque côté se dresse un arbre pour
rappeler la légende, d'après laquelle les soldats, présents à
l'exécution, plantèrent leurs lances en terre et les virent se
changer aussitôt en frênes verdoyants. En haut, deux anges
emportent un petit personnage nu qui, suivant le symbole
du Moyen Age, représente l'âme du saint s'envolant directement vers le ciel.

Autour du sceau on distingue une partie de la légende :
Sigillum conventus monasterii Fuxensis[3].

Ce sceau est appendu à un acte du 25 juillet 1303.

⁂

PIÈCE JUSTIFICATIVE Nᵒ 1.

(Voir pages 10-11).

Légende du Château de Foix.

ODE CATALANE PAR BALAGUER [4].

(Fragments).

Del Montserrat als Pirineus, mon ànima
passà d'un vol. Tot just com arribava,
era 'l moment y l'hora misteriosa
de l' aplech dels finats.

---

1. Pasquier et Courteault. *Chroniques romanes des comtes de Foix* par
Esquerrier et Miégeville. Foix, Gadrat, 1895, p. 3.

2. p. 10.

3. Archives nationales J. 478, nᵒ 10. Douet d'Arcq, collection des sceaux, T.
III, p. 15, nᵒ 8225.

4. *Lo romiatge de l'anima.* Barcelonne, Lopez, 1891 in-8ᵒ, pp. 23-29. *Lo
servantes de l'aplech dels morts.*

Vora l'Ariège,
lo riu que roda l' or entre sas onas,
s' aixecava 'l castell murat que, un dia,
lluytava contra 'ls reys y contra 'ls papas,
sent d'honor y de pretz cortés hostatge.
Avuy, es un recort, avuy, sas torres,
ja debolidas, jauhen per las rasas
d'espantables abims, que ahir servian
de fossos al castell y de reparo.
Es lo lloch hont se troban y s' aplegan,
en esbart y en tropell, totas revoltas,
y arrossegant sas ondejants mortallas,
las sombras dels passats encara inultas.
Alli tots, alli tots quants en la historia
de la Provensa màrtir y en l' arena
cremant de sos amors, festas y lluytas,
figuraren un jorn. Alli l' intrépit
magnificat senyor, pros del realme ;
alli 'l capdal baro, que de sos cingles
baixava ardit à debelar la terra ;
alli lo trovador galàn y lliure
de nomadas costums ; lo de probadas
y singulars virtuts Albigés docte ;
alli lo comte-rey, que alsar volia
per sobre tots los tronos de la terra
la garlanda comtal ; y alli las damas,
que sempre foren reynas y senyoras
en corts d' amor y en puys de gentilesa.
Alli fou hont mon ànima viatjera,
trovà l' aplech dels morts ; y alli escoltava
la trista veu, que l'ayre s'emportava,
del ultim trovador d'aquellas serras,
que aixis son ultim serventés cantava.

LO SERVENTÉS

DE L' APLECH DELS MORTS

Un serventés vull fer de recordansas tristas,
de quan l' inich Monfort,
portant lo llamp ab ell, caygué sobre Provensa,
lo realme dels amors ;
de quan los famolenchs homens del Nort vingueren,
com un esbart de llops ;

de quan lo cos humà servia sols de llenya
per atiar lo foch[1] ;
de quan, dins lo castell de las tres torres rojas,
sonà lo crit de mort.

. . . . , ...

. . . .

Llavors se sent lo crit, llavors la veu brunzenta
que crida : *cal mori !*
Es lo comte de Foix, dins son castell de pedra,
hont l' enterraren viu,
qui endressa al mon, al cel, als nats, als que han de nàixer,
als vius y als morts, son crit.
Y Provensa 'l senti. Y 'ls Pirinéus, al pérdre
sa filla més gentil,
cridaren : *cal mori !*... Y des llavoras portan
lo dol del mon llati.

Caygueren los de Foix, y ab ells caygué Provensa,
Provensa, ! oh Pirinéu !
la que era de ta sanch, la que era de tos ossos,
la de ton cor també.
Com los has vist morir tos fills y tos llinatges,
tos realmes y castells !
Com los has vist morir, y càure com las fullas,
y fuger com lo vent,
los héroes d' altres temps, los homens d' altras rassas,
los sants d' uns altres cels !

. . . .

. . . .

Oh ! montanyas d' honor, à un temps bressol y tomba
de nostres pros passats ;
oh ! Pirinéus altius, que de la gent llatina
sòu la mayso pairal !
vindrà, jo 'l veig venir, lo jorn en que lo bardo
de dalt de vos tossals,
arborant lo peno dels dos colors del Iber,
als pobles cridarà
— Dèu vos dos gloria y pau, oh ! terras llemosinas,
Que en llemosi sentiu y en llemosi parlàu.

1. L'Inquisicio, ab los bisbes d'Albi y de Narbona, fiu cremar en Monsegur, y en sols un dia, 200 presoners, entre homens, donas y noys.

***

PIÈCE JUSTIFICATIVE N° II.

(Voir pages 22-25).

Siège du Château de Foix par Philippe-le-Hardi en 1272.

*I. — Extrait de la chronique en vieux français
de Guillaume de Nangis.*

Le roy si manda ses barons et assembla son ost si grant qu'il sembloit qu'il deust toute terre faire frémir. Le roy et sa gent furent assemblés à Thoulouse, et fu commandé que l'en entrast en la cité au conte de Fois et que l'en despoillats et gastat tout. Ainssi fu fait comme il fu commandé ; et alèrent tant qu'il vindrent aus montaingnes. Si les amontèrent et vindrent tout en haut, tant qu'il furent bien près du chastiau de Fois ; si tendirent leur tentes et leur paveillons tout entour.

Le conte de Fois et sa femme et toute sa mesnie, avec grant foison d'Aubigois, estoient tout asseur[1], si comme il leur estoit avis, et cuidoient que le chastel ne deust estre pris en nule manière et que bien se tenist contre tous. Le roy et son ost regardèrent qu'il ne pouoient pas tant aprouchier du chastel, si comme il vouldroient.

Si s'esmut le roy, qui estoit de grand courage, et jura que jamais ne se partiroit du siège devant ce qu'il auroit le chastel tresbuchié et mis par terre, ou que il li seroit rendu. Si se conseilla comment il en pourroit exploitier. Si li fu loé quil mandast ouvriers qui trenchassent la roche et qu'il feissent la voie large, si que sa gent peussent aler à piè et cheval. Si commencièrent les ouvriers à trenchier la roche et à faire la voye grant et large, si que la gent à piè et à cheval y pouoient passer.

Quant le conte de Fois vit ce et que le roy estoit si ferme dans son propos, il se conseilla qu'il pourroit faire et comment

1. *Asseur*, rassurés.

il pourroit eschiver ce péril. Si li fu loé qu' il s'acordast au roy
hastivement ; il prist messages et les envoya au roy et li pria·
et supplia qu' il li pardonnast son maltalent, et qu'il mettoit
tous ses biens en sa mercy et qu' il en feist toute sa volenté. Le
roy les messages oy et li manda qu' il venist à luy en telle
manière, comme il avoit mandé.

Tantost le conte vint devant le roy et s'agenoilla et li requist
merci, et le roy li dist qu'il lui feroit plus de bien quil navoit
déservi. Tantost fu pris et lié et mené à Biauquesne¹ et de-
moura là un an tout entier. Le roy prist toute sa terre en sa
main, sa femme et tous ses enfans, puis retourna en France.
Quant un an fu acompli, le conte fu mis hors de prison et
servi à court avec les autres nobles hommes, et ot la grace le
roy, tant qu'il le fist chevalier et li donna armes, et l'envoya
aus tournoyemens pour apprendre le fait des armes. Après
toutes ces choses, le roy rendi au conte de Fois toute sa terre
franchement et quittement et li donna congié de retourner
en son pais.

Recueil des Historiens de France, t. XX. *Vie de Philippe III*, par
Guillaume de Nangis, in-folio, p. 493. A.-C. Edition Palmé ².

II. — *Extrait de la chronique en vieux français de Primat³.*

Quant le roy et son ost virent que il ne porroient aler ne
aprouchier plus prez du chastel, il envoia aucuns de ceulz de
l'ost pour couper le piè les montaingnes, à piquois, à bêches,
à heues et à autres instrumens. Et quand il orent com-
mencié celle euvre à faire, et les ouvriers de celle euvre
eussent ja, par leur labeur continue, coupé le piè de la mon-
taingne, n'et en telle manière que, par la voie que il avoient
faite, l'ost povoit avoir avenue au chastel, et à piè et à cheval,
tout plainement. Pour laquel chose le conte se doubla et senti
bien que le courage du roy se tendroit en son ferme propos.

Recueil des Historiens de France, t. XXIII. *Chronique de Primat*,
traduite par Jean du Vignay, in-folio p. 90 E. Edition Palmé.

1. *Beaucaire.* C'est une erreur ; le comte de Foix fut conduit non à Beau
caire, mais à Carcassonne. (Voir plus haut page 22).

2. Guillaume de Nangis, contemporain des évènements qu'il raconte,
a écrit son histoire en latin et en français. Les deux textes ont été disposés vis-à-vis l'un de l'autre par les éditeurs. Nous avons donné plus haut
(page 24, note 2) la partie du texte latin où il est question des travaux d'approche faits autour du château par les pionniers de l'armée française.

3. Le chroniqueur Primat et son traducteur étaient contemporains de Guillaume de Nangis.

* *
*

PIÈCE JUSTIFICATIVE Nᵒ III.

(Voir pages 22-25).

Nous croyons utile de reproduire le récit du siège de Foix en 1272, tel qu'il a été donné par les bénédictins Dom Vaissète et Dom Montfaucon.

I. — D. Vaissète, *dans l'Histoire de Languedoc*[1] rend compte, en ces termes, des travaux d'approche entrepris autour du château par ordre de Philippe-le-Hardi.

« Le roi ordonna un grand nombre de travailleurs pour tailler les rochers qui environnent la place, afin d'en faciliter l'approche à la cavalerie qui faisait toute la force de l'armée. Le comte de Foix, instruit de la résolution du roi et voyant que les travailleurs avaient déjà coupé le pied de la montagne où le château est situé, envoya le dimanche suivant, 5 juin, du conseil du roi d'Aragon et du vicomte de Béarn, demander grâce. »

II. — Le bénédictin Montfaucon, dans son ouvrage *les Monuments de la Monarchie française*[2], est plus explicite que Dom Vaissète et serre de plus près le texte du chroniqueur Guillaume de Nangis, dont l'un et l'autre se sont inspirés. Voici le récit de Montfaucon qui écrivit avant Dom Vaissète.

« Le roi assembla une armée, vint assiéger le comte dans son château de Foix où il s'était réfugié, regardant la place comme imprenable. Elle était, en effet, de difficile accès. Mais le roi, faisant réflexion combien il lui était important, au commencement de son règne, de châtier ce rebelle, fit diligemment tracer un chemin dans la montagne pour attaquer le château de plus près.

1. T. IX, p. 17.
2. Ouvrage paru en 1729-1733. T. II, p. 173.

« Le comte, voyant que ce travail avançait et craignant
l'issue, prit le parti d'aller s'humilier aux pieds du roi et
d'implorer sa miséricorde. Philippe le fit mettre en prison.

EXTRAIT DE L'ACTE DE REMISE DU CHATEAU EN 1272.

(Voir pages 22-25, 130 et 135-136).

Dans l'acte de remise du château aux gens du roi d'Aragon,
le 7 juin 1272, plusieurs parties du monument sont sommai-
rement indiquées. Il s'agit de la remise des clefs ; l'énumération ne donne pas une idée suffisamment nette de l'édifice et
de ses dépendances.

*In janua et de janua sive porta ejusdem castri et de clavibus
ejus, que est ante domus, in quibus domina comitissa Fuxi solet
manere, subtus ecclesiam. Et idem de janua sive porta ejusdem
castri et de clavibus ejus, que vocatur* DEL TORN. *Item et idem de
clavibus turris nove et de ipsa turri, que media est in ipso castro*[1].

1. *Hist. du Languedoc*, t. X, pièce 8, cc. 107-109.

* *

PIÈCE JUSTIFICATIVE N° IV.

(Voir page 37).

LIVRE DE LA RÉFORMATION DE FOIX EN 1446[1].

Reconnaissances 1446 en langue romane concernant la garde et l'entretien du Château de Foix.

Foix[2]. Item dixeren interrogatz los ditz cossols et singulars que lo dit Mossenhor lo comte ha, dins lo dit loc de Foixs, hun castelh sus hun roc, claus de murs, construit et ben cubert ou ha belas tres tors, la una apres l'autra, ou n'a una redonda et doas cayradas, ab sa bassa cort et sas portas ferradas.

Bénac[3]. Item dixeren interrogatz los ditz cossols et singulars de Abenac[4] que Aynier et Jacmes del Riu, alias Calmilli, l'an, cascuna semana, hun jornal de manobra al castel de Foixs[5].

Brassac. Item dixeren interrogatz los ditz cossols de Brassac que : 1° james no gueytan, ne james no an acostumat de gueytar en lo castelh de Foixs ; 2° que...[6] peropians de la peropia de Brassac, an acostumat de fer à Mossenhor de Foixs, cascuna semana, de manobra al castel de Foixs, hun jornal[7].

Cos. Item dixeren interrogatz los ditz cossols et singulars

1. *Archives départementales de l'Ariège*, série A, registre petit in-folio.
2. F° 1, *recto*.
3. Bénac, Brassac, Ganac, Cos, Serres sont des villages situés dans la vallée de la Barguillière, près Foix. Prayols et Vernajoul sont deux villages sur la rive gauche de l'Ariège, l'un en amont, l'autre en aval de Foix. Toutes ces localités, qui faisaient antrefois partie du Consulat de Foix, sont aujourd'hui comprises dans le canton de Foix.
4. Autrefois ce village s'appelait *Abenac*.
5. F° 11, *verso*.
6. Noms de seize habitants.
7. F° 14, *recto*.

de Cos que...[1] tenens foc al present en lo loc de Cos, son tenguts de fer et fan gueyt al castelh de Foixs, en lo temps de guerra ou de pats, et totas vetz que, à la viela de Foixs, per los singulars del dit loc se fassa gueyt[1].

GANAC. Item dixeren interrogatz los ditz cossols et singulars [de Ganac] que : 1o...[3] an acostumat de fer gueyt al castelh de Foixs, al temps de pats o de rumor ; 2o que...[4] son de manobra del castel de Foixs et an acostumat de fer, cascuna semana, hun jornal de manobra[5].

PRAYOLS. Item dixeren interrogatz los ditz homes de Prayols que : 1o els an acostumat et son et fan, cascuna semana de l'an, al castelh de Foixs, cascun, hun jornal de manobras ; 2o...[6] al present tenens foc, fan la dita manobra ; 3o tot autre, que aqui habite et tenga foc, es tengut de fer manobra[7].

SERRES...[8]. Reconoyxen que els fan, cascuna semana, à Mossenhor de Foixs hun jornal de manobra[9].

VERNAJOUL. En apres dixeren interrogatz los ditz cossols et singulars del dit loc de Bernajol que Mossenhor de Foixs ha, en lo loc de Bernajol, Danis Jehan de la Quiera, R. de Sorbas, alias Febus, que fan, cascuna semana, aldit Mossenhor de Foixs hun jornal de manobra al castel de Foixs, per los casals dejos scriutz.

Pero dixeren los ditz cossols et singulars que, de hun temps en sa, Mossenhor de Foixs los ha afranquits de la dita manobra de sant Johan Baptista entre Totz Sant, que de aquel temps son quitis de manobra[10].

1. Noms de dix habitants.
2. Fo 12, verso.
3. Noms de trois habitants.
4. Noms de trois autres habitants.
5. Fo 19, verso.
6. Noms de quatre habitants.
7. Fo 21, recto.
8. Noms de deux habitants.
9. Fo 16, verso.
10. Fo 6, recto.

TABLE DES MATIÈRES

SECONDE PARTIE

Description Archéologique.

—

PIÈCES JUSTIFICATIVES

TABLE DES GRAVURES

FOIX. — IMPRIMERIE GADRAT AÎNÉ.

Fig. 48. Vue du château depuis 1815.

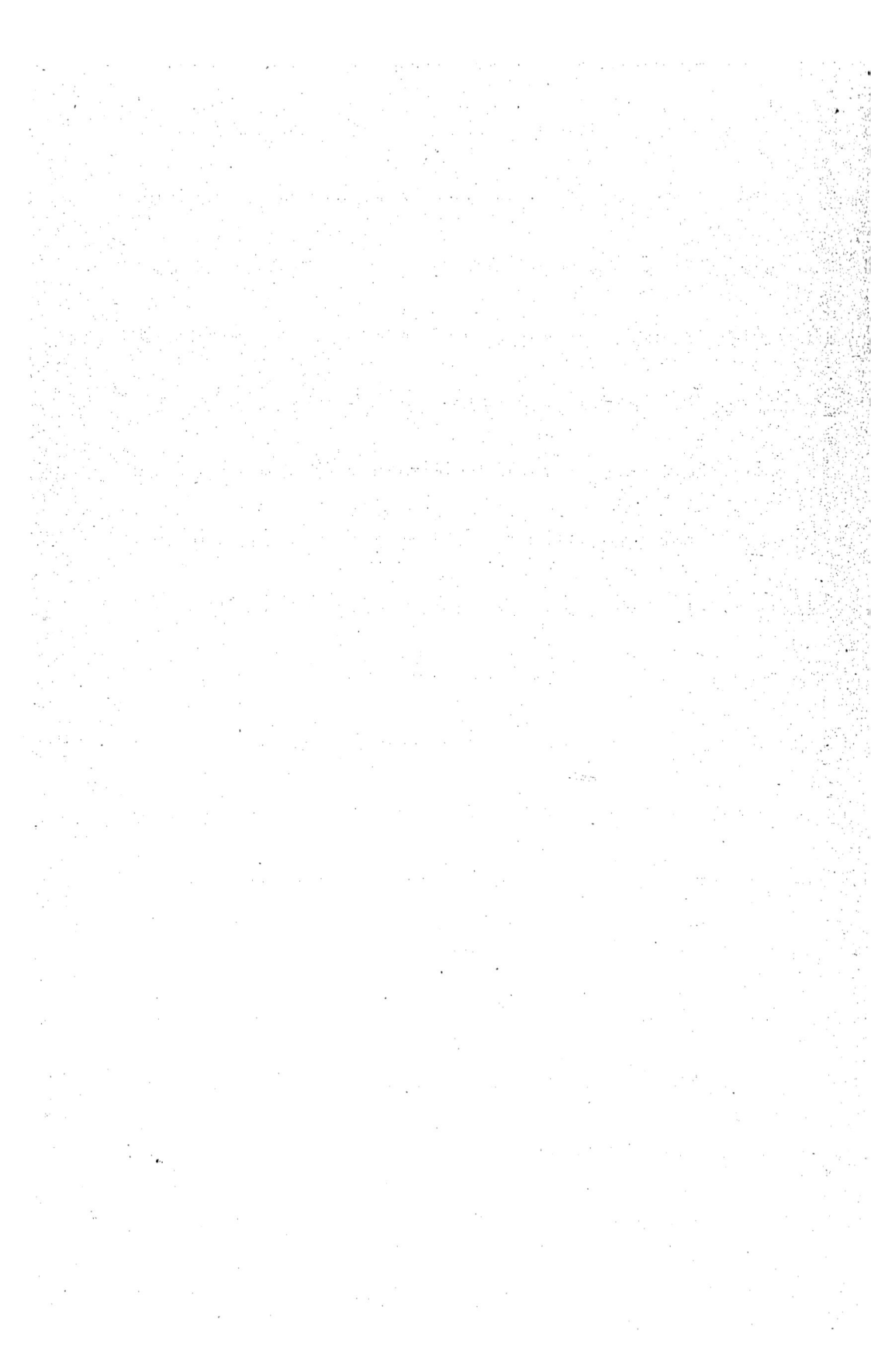

EN VENTE A LA MÊME LIBRAIRIE

Foix. — Imprimerie Gadrat aîné.

www.ingramcontent.com/pod-product-compliance
Lightning Source LLC
Chambersburg PA
CBHW052057090426
42739CB00010B/2220